経済経営セメスターシリーズ

経済のしくみと制度

第4版

井出多加子
井上智夫
大野正智
北川　　浩
幸村千佳良

【著】

多賀出版

まえがき

　本書は，大学の社会科学系の学部に入学した学生が，最初の学年に経済学を学習するための入門書として書かれたものです。従来の経済学の入門書は，マクロ経済学やミクロ経済学の理論の平易な紹介を目的としたものが多く，必ずしも現実の経済への関心を喚起するものではなかったように思います。また，これまでの多くの大学のカリキュラムには，テレビのニュースや経済新聞などで目にするような経済用語について，系統的に学習する機会がほとんど用意されていませんでした。このため，多くの学生が現実の経済と経済理論の乖離を疑問視したり，経済学への興味を失ってしまったりするということがしばしば起こりました。このような状況を打開するため，経済学の教育現場では，現実の経済を意識しながら，経済理論を学ぶための基礎知識を修得することができるような入門書の必要性が叫ばれてきました。本書はこのような目的を果たすための一つの試みです。

　本書は，近年セメスター制を採用する大学が増加していることを考慮して，半期（15回）で学習できるような構成になっています。本書の作成にあたっては，読者が現実の経済に興味がもてるような内容を盛り込むことに特に配慮し，現実の経済の制度やしくみを学習しながら，自然にマクロ経済学を学ぶための基礎知識が身に付いていくような構成にしました。また，各章にまとめや練習問題を付け，授業の予習や復習も容易に行なえるようになっています。さらに理論に関心がある人のために，各章に「アドバンス」としてやや高度な理論の紹介をしています。

　入門書としてはかなり高度な内容や詳細な記述が，本書の各章に含まれています。このため，大学1年生の最初に本書を手にした人は，60パーセントぐらいしか理解できないことがあるかもしれません。しかし，そういう人でも，大学2年生になって本書をもう1度読み返してみると，80パーセントぐらいに理解度が向上すると思います。そして，大学3年生になってさまざまな経済理論を学んだ後に本書を読み返してみると，本書は多くの経済理論が有機的に結合

していることに気づくことになると思います。この段階で理解度は100パーセントになるでしょう。また，大学4年生になって，就職活動の際に現実の経済状況や経済政策などを話題にしようとするときには，本書は大きな助けになるものと思います。このように本書は入門書ではあるけれども，初学者だけでなく，繰り返し読むことによって，その時々の役目を果たすことができるようになっています。

　経済学に限らず学問の修得において，もっとも重要なことは「学びのモティベーション」であると思います。読者のみなさんが本書をきっかけとして経済学に関心をもち，より高度な理論の修得に意欲を燃やしていただけることを切に願ってやみません。

2004年3月1日

第4版に寄せて

　第3版の改訂後5年が経過しましたが，このあいだには2012年12月末の第2次安倍政権の誕生によって導入された，3本の矢と呼ばれる金融政策，財政政策，および成長戦略のポリシー・ミックス（いわゆるアベノミクス）が継続され，今もなおデフレーションからの脱却を目指した経済政策が展開されています。日本経済は現在も，いわゆる「失われた20年」からの転換過程にあるといえます。また，この間には多くの制度的な変更がおこなわれました。第1に，金融政策の目標として2％のインフレターゲットが導入され，量的・質的金融緩和が行われてきましたが，この政策を実行してきた日銀の黒田総裁は2018年に再任され，大幅な金融緩和は継続されています。第2に，税制について2014年の消費税の5％から8％への引き上げ，2019年10月の食料品以外の10％への引き上げ，法人税率の引き下げ，所得税と相続税の最高税率の引き上げなどが実施されました。第3に，国際収支表も大幅な改訂が行われました。第4版ではこれらの改訂を踏まえるとともに，データも最新時点のものへ更新されています。さらに日本経済の産業構造と2020年の東京オリンピック・パラリンピッ

クで注目される経済波及効果も取り上げました。

　政府の経済政策の効果を理解できるためにはいっそう，日本経済のしくみと制度ならびに経済理論についての理解が不可欠になっています。今回の改訂作業がいっそうの理解の手助けとなることを念願しています。

2020年3月1日

井 出 多加子

井 上 智 夫

大 野 正 智

北 川 　 浩

幸 村 千佳良

経済のしくみと制度

目　　次

第1章

経済の大きさを測ってみよう

　私たちの経済活動を国レベルでひとまとめにして，一国全体の経済活動の様子や規模を測る指標が GDP です。本章では，GDP の定義や，景気と GDP との関係，GDP に基づく各国間の経済規模の比較などを紹介します。

🥄 本章で学習すること
1. 国内総生産（GDP）は，どのように定義され，測定されているのでしょうか。
2. 過去60年間の日本経済を例に，景気循環と GDP との関係や，経済成長率の計算方法を学びます。
3. 世界の国々の経済活動を GDP で比較する際に注意すべき点について考えます。

1．GDP とは何か？

　私たちは日々の生活の中でさまざまな経済活動を営んでいます。コンビニでの買い物，アルバイト，バスや電車による通勤・通学，大学での授業への出席などは，形は異なりますがすべて商品やサービスの生産とそれに対する支払いを伴いますから，経済活動と考えることができるでしょう。このような経済活動を，国全体の規模で測ったものが国内総生産（GDP）であり，これを把握するためのシステムが SNA（System of National Accounts, 国連国民所得勘定方式）と呼ばれる会計制度です。ではまず，SNA の概要から紹介することにしましょう。

（1）SNA について

　新聞，ニュースにしばしば登場する GDP は，国連が定める SNA という会計システムにもとづき，内閣府経済社会総合研究所（旧経済企画庁）によって多くの統計調査の結果から推計されています。

　SNA とは，一国全体の経済活動を把握する目的で，戦後，国際連合によって決められた会計システムで，5種類の表から構成されています。一国経済全体の生産・所得・支出の内訳をまとめた「国民所得勘定」のほかに，産業間での原材料や製品のやりとりをまとめた「産業連関表」，海外との取引をまとめた「国際収支表」，資金の流れをまとめた「資金循環勘定」，および一国経済全体を資産や負債といったストック面から捉えた「国民貸借対照表」があります。[1] これら5種類の表により一国の経済活動を，生産や所得，生産活動の産業間の依存関係，モノやカネの流れなどさまざまな側面から包括的に把握するしくみになっています。

　GDP はこの5種類の表のうちの「国民所得勘定」のなかのもっとも重要な統計です。しかし，国全体の経済状態を測る指標は国内総生産だけではありません。アドバンスで紹介する景気動向指数のように各国が独自に作成した指標も存在します。とはいえ，これらは各国が独自の方法で作成しているため，各国間の比較には向きません。他方，SNA に基づく国内総生産は，世界各国が国連の決めた同じルールに従って作成していますから，経済状況や経済水準などの国際比較が可能です。ですから SNA 統計は，経済政策や経済援助を行う上でも重要な指標となっています。

　では次に，国内総生産の定義を確認してみましょう。

（2）GDP の定義

　国内総生産（Gross Domestic Product, GDP）は，「一国の国内で居住者が一

---

[1] 　国際収支表については8章で詳しく解説します。

定期間内に新たに生産した財やサービスの粗付加価値額を合計したもの」と定
義されます。ここでは，「国内」，「一定期間内」，「粗」と「付加価値額」の 4 つ
のキーワードの理解が重要です。

　第一に，GDP は「国内」での生産活動を測ります。よって日本の GDP と言え
ば，日本国内の経済活動を計測した指標のことです。

　第二に，GDP は一定の期間で区切って測られています。この種のデータをフ
ロー・データと呼びます。「一定期間」とは，国民所得統計の場合，1 四半期あ
るいは 1 年です。四半期とは 3 ヶ月区切りの期間のことで，1 月から 3 月を第
1 四半期，4 月から 6 月を第 2 四半期，7 月から 9 月を第 3 四半期，10月から
12月を第 4 四半期と呼びます。1 年間は 4 四半期の合計になりますが，1 月か
ら12月を 1 期間とする場合を暦年，4 月から翌年 3 月までの合計をとる場合を
年度，と呼びます。

　最後に，「粗」と「付加価値額」という言葉ですが，このうち付加価値額は，
生産物販売額から，その原材料費（中間財購入額）を差し引いたものを意味し
ます。付加価値の合計は種々の居住者の生産した付加価値額の合計を意味しま
す。また，「粗」は資本設備などの減価償却を含むことを意味します。パン屋が，
50円で仕入れた小麦を，こねてパン焼き機で焼いて作ったパンを 1 個150円で
売ったとすれば，その差の100円が「粗」付加価値額です。

　実際に存在する国の GDP を計算する作業は非常に複雑ですので，以下では，
国内に 5 つの産業しか存在しない仮想的な国について，既に紹介した GDP の
定義を確認してみることにしましょう。

　表1-1は，この国のある年の 1 年間の市場取引額を産業ごとに集計したもの
です。小麦農家は原材料無しで小麦を生産し，鉱業従事者はただで鉱石や石炭
を採掘できるものと仮定します。またパン屋は小麦以外の原材料をただで手に
入れ，製鉄業者や自動車メーカーも表にあるもの以外の原材料はただで入手で
きるものと仮定します。

　市場で取引された 5 つの財のうち，小麦や鉱石・石炭，鋼は「中間生産物」
とよばれます。中間生産物とは，生産工程の中間段階で原材料として使用され
る財のことです。パン屋にとっては「小麦」が原材料となりますから中間生産

表1-1　原材料購入額，生産物販売額と付加価値との関係

（単位：万円）

生産者	財	原材料購入額	生産物販売額	産業別の粗付加価値
小麦農家	小麦	0	⟨20⟩	20
パン屋	パン	⟨20⟩	60	40
鉱業従事者	鉱石、石炭	0	⟨10⟩	10
製鉄業者	鋼	⟨10⟩	⟨40⟩	30
自動車メーカー	自動車	⟨40⟩	200	160
合計		70	330	260

物であることは明らかです。しかし，鉱石・石炭を原材料として鋼を生産する製鉄業者の場合，鉱石・石炭は中間生産物になり，鋼は生産物になりますが，自動車メーカーから見れば鋼自体が中間生産物になります。つまり，何が中間生産物であるのかは生産工程によって異なります。

　一方，パンと自動車は生産工程の末端にあるため「最終財」と呼ばれ，これらは消費者や企業によって消費あるいは生産活動に必要な資本設備などとして利用されます。

　表1-1では，最終財の市場価値（表中で□の部分）の合計は

パンの市場価値（60万円）＋自動車の市場価値（200万円）＝260万円

です。さらに，これを生産工程ごとの付加価値の合計に分解することも可能です。パン屋は市場価格で60万円分のパンを生産しましたが，その原材料として小麦を20万円で購入しました。そのため，パン屋そのものが新たに生み出した付加価値は

パン屋が生み出した付加価値（40万円）
　　＝パンの市場価値（60万円）－原材料の小麦の市場価値（20万円）

で，40万円だけです。これがパン屋の「粗付加価値」です。小麦農家は原材料費がかからない状態で小麦を生産していることを仮定しましたから，

　　　　小麦農家の付加価値＝小麦の市場価値（20万円）

となります。よって

　　　　パンの市場価値（60万円）
　　　　　　　　＝小麦農家の付加価値（20万円）＋パン屋の付加価値（40万円）

という関係が成り立ちます。同様に，自動車の市場価値も

　　　　自動車の市場価値（200万円）＝鉱業従事者の付加価値（10万円）
　　　　　　　　＋製鉄業者の付加価値（30万円）＋自動車メーカーの付加価値（160万円）

ですから，

　　　　最終財の市場価値合計（260万円）
　　　　　　　　＝パンの市場価値（60万円）＋自動車の市場価値（200万円）

と

　　　　各生産工程の付加価値合計（260万円）
　　　　　　　　＝小麦農家の付加価値（20万円）＋パン屋の付加価値（40万円）
　　　　　　　　＋鉱業従事者の付加価値（10万円）＋製鉄業者の付加価値（30万円）
　　　　　　　　＋自動車メーカーの付加価値（160万円）

が等しいことが確認できます。このことは，GDP を 2 つの側面，つまり最終財の市場価値の合計，あるいは生産工程ごとの付加価値の合計のいずれからでも計測できることを示しています。

　GDP の計算では，中間生産財の市場価値を含めませんが，それは何故でしょうか。パン屋の店先に並んでいるパンの価格には，パン屋の努力への対価だけでなく小麦農家への支払い額の分も含まれています。つまり，中間生産物の価値は，それを原材料として生産した財の市場価値に既に含まれていますので，二重計算を防ぐために最終財の市場価値だけを計算対象とするのです。

2. 戦後日本の景気循環

　前節では，GDP が一国全体の経済の活動状況を表す指標として利用できることを紹介しました。我々が，一国全体の経済活動をみるとき，その関心は主に次の2つにまとめられるでしょう。ひとつは経済状態の短期的な変化（いわゆる景気循環）であり，もうひとつは経済的な生活水準の長期的な変化（いわゆる経済成長）です。以下では，最近のデータを紹介しながらこれらの問題について考えてみましょう。本節ではまず，過去60年間の日本の GDP の動向を紹介します。

（1）景気って何？

　新聞やテレビのニュースで話題になる経済問題のうち，私たちが一番関心のあるものといえば「景気」に関するものでしょう。「景気循環」あるいは「景気変動」という言葉をよく耳にするように，私たちは景気を波の動きのように例えます。では，景気とは一体何の波なのでしょうか？

　景気とは，経済活動の活発さの程度を表す言葉で，経済活動が活発で経済全体が拡大している局面を景気拡大もしくは好況，その頂点を景気の山（ピーク，peak），経済活動が不活発になり，景気全体の成長が鈍化するもしくは減少する場合を景気後退または不況，景気後退から景気拡大へ転換する境目底を景気の谷（トロフ，trough）とよびます。この過程の全体を景気循環（ビジネスサイクル，business cycle）とよびます。景気の谷から谷までの期間を景気循環の周期といいます。

　景気の良し悪しは私たちの生活に影響することは間違いないのですが，景気の定義自体は非常にあいまいです。[2]

---

[2]　「景気が良い」あるいは「景気が悪い」という言葉を日常的にもよく使い，このような用法の場合には景気循環や景気変動は短期的な視野に立った解釈だと言えます。しかし，非常に長期の景気循環に関する研究も行なわれています。

表1-2　景気循環と景気基準日付

	谷	山	谷	期間（ヵ月）		
				拡張	後退	全循環
第 1 循環		1951. 6	1951.10		4	
第 2 循環	1951.10	1954. 1	1954.11	27	10	37
第 3 循環	1954.11	1957. 6	1958. 6	31	12	43
第 4 循環	1958. 6	1961.12	1962.10	42	10	52
第 5 循環	1962.10	1964.10	1965.10	24	12	36
第 6 循環	1965.10	1970. 7	1971.12	57	17	74
第 7 循環	1971.12	1973.11	1975. 3	23	16	39
第 8 循環	1975. 3	1977. 1	1977.10	22	9	31
第 9 循環	1977.10	1980. 2	1983. 2	28	36	64
第10循環	1983. 2	1985. 6	1986.11	28	17	45
第11循環	1986.11	1991. 2	1993.10	51	32	83
第12循環	1993.10	1997. 5	1999. 1	43	20	63
第13循環	1999. 1	2000.11	2002. 1	22	14	36
第14循環	2002. 1	2008. 2	2009. 3	73	13	86
第15循環	2009. 3	2012. 3	2012.11	36	8	44

出所：内閣府ホームページ『景気基準日付』より
　　　https://www.esri.cao.go.jp/jp/stat/di/150724hiduke.html（2020.1.12現在）

（2）景気循環と GDP

　内閣府経済社会総合研究所は，景気の状態を表す景気動向指数（詳しくはアドバンスを参照）や景気循環の転換点である「景気基準日付」を発表しています（表1-2）。同研究所によれば，1951年から2019年12月現在までに日本では15個の景気の波が確認されています。

　次に，GDP の増加のテンポと景気循環との関係を見てみましょう。GDP のテンポ，あるいは伸び率を示すものが「経済成長率」です。プラスの成長率であっても，伸び率が高ければ「景気が強い（堅調）」ことを，また伸び率が低ければ「景気が弱い（停滞）」ことを意味します。景気が強い状態が続いている時期が景気拡大期，景気が弱い状態が続いている時期が景気後退期になります。

　ニュースに登場する経済成長率には，「対前年同期比」と「対前期比」の二種

16

表1-3　四半期別季節調整済み実質 GDP データ

（単位：兆円）

	2016年	2017年				2018年		
	IV	I	II	III	IV	I	II	III
実質 GDP	521.7	526.0	528.8	532.0	533.8	533.2	536.3	532.8

出所：内閣府　経済社会総合研究所ホームページ　国民経済計算（GDP 統計），統計表一覧，
四半期実質季節調整系列（gaku-jk1912.csv）
https://www.esri.cao.go.jp/jp/sna/data/data_list/sokuhou/files/2019/qe191_2/gdemenuja.html（2020.1.12現在）

類があります。

対前年同期比（%）＝（当期の実績－前年同期の実績）÷前年同期の実績×100

対前期比（%）＝（当期の実績－前期の実績）÷前期の実績×100

「対前年同期比」の伸び率は 1 年間の成長動向を測っています。他方，GDP は四半期ごとに発表されていますから，「対前期比」の伸び率は現在の値と 3 ヶ月前の値との比較になります。前年同期比に比べ， 4 分の 1 の期間しかありませんから，このままでは両者を比較することはできません。そこで，対前期比伸び率を「年率換算」した値を使用します。年率換算とは，「その四半期（3 ヵ月）の伸び率が， 1 年間継続した場合， 1 年間でどの程度の伸びになるか」を示した値のことで，次式のように計算します。

年率換算（%）＝（（当期の実績÷前期の実績）^{4}－1）×100

表1-3は2016年第 4 四半期から2018年第 3 四半期までの季節調整済み実質 GDP（年率）のデータです。既に述べたように，GDP は一定の期間で区切って測りますので，期間が短ければ GDP の値は小さくなってしまいます。そこで値を 4 倍して 1 年間分の値を表示します。例えば，表1-3によれば，2018年第 3 四半期は532.8兆円ですが，この 3 ヶ月間に生産された粗付加価値総額はその 4 分の 1 の133.2兆円です。

では表1-3にあるデータを使って年率換算の公式について確認してみましょう。2018年の第 1 四半期から同じ年の第 2 四半期にかけての経済成長率を計算

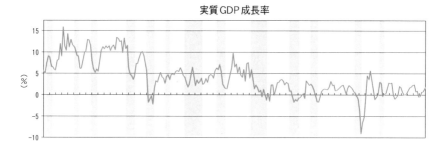

実質GDP成長率

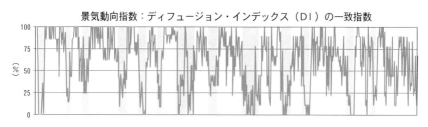

景気動向指数：ディフュージョン・インデックス（DI）の一致指数

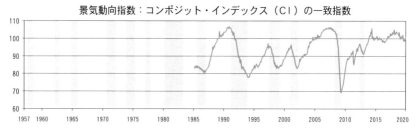

景気動向指数：コンポジット・インデックス（CI）の一致指数

図1-1　実質GDP成長率と景気動向指数（一致指数）

出所：実質GDP：内閣府ホームページから取得した系列から著者作成。（https://www.esri.cao.go.jp/jp/sna/data/data_list/sokuhou/files/files_sokuhou.html）。使用データと期間は次の通り。(1)1955年Ⅰ期〜1979年Ⅳ期は1990年基準・固定基準年方式（gaku_jg01168.csv）、(2)1980年Ⅰ期〜1993年Ⅳ期は2000年基準の連鎖方式（20120226_gaku_jg0942.csv）、(3)1994年Ⅰ期以降は2011年基準の連鎖方式（gaku-jg1932.csv）。

景気動向指数：79年12月までのディフュージョン・インデックス（DI）の値は『日経マクロ経済データ』CD-ROM 2009年版（日本経済新聞社）より。80年1月以降の値は内閣府経済社会総合研究所ホームページ（2020.1.12現在）より。

してみます。対前期比伸び率は

$$対前期比伸び率（％）＝（536.3－533.2）÷533.2×100＝0.581％$$

となり、その4倍は2.324％です。一方、年率換算した成長率は

$$年率換算伸び率 （％）＝((536.3÷533.2)^4－1)×100＝2.315\%$$

になりますので，両者の相違が確認できます。[3]

　図1-1は日本経済の過去60年間の足跡を，実質 GDP（四半期，原系列の対前年同期比伸び率）と景気動向指数（一致指数）で振り返ったものです。図1-1の網かけ部分が景気後退期（景気基準日付が山から谷になっている期間），それ以外の期間が景気拡張期です。景気拡張と収縮の過程を「景気循環」と呼びますが，この期間は図1-1から明らかなように規則的ではありません。

　実質 GDP 成長率にはどのような特徴が見られるでしょうか。大雑把な傾向として，網かけ部分の期間では成長率が下がっている，あるいはその前後の期間と比べて低い値になっています。平均的な傾向としては，1973年までの期間では成長率が 9 ％程度の水準を中心に上下し，その後から1990年代初頭までの期間は 4 ％程度，それ以降は 1 ％程度を中心に循環しています。

　2 種類の景気動向指数のうち，ディフュージョン・インデックスの一致指数のグラフからは，景気の山，つまり景気後退期の開始期には50ポイントを上から下へ，また景気の谷，つまり景気後退の終了期，すなわち，景気拡大の開始時点には下から上へ横切る傾向が見られます。しかし，それ以外の時点でもジグザグな動きを見せているため，指数の値だけから景気基準日付を決定することはできないことも確認できます。[4]

---

[3]　前年の同期と比較した伸び率を求めて，季節的な要因の影響を取り除く方法もあります。例えば，2014年Ⅱ期と2013年Ⅱ期の間の伸び率は次式で求められます。すなわち，
$$対前年同期比伸び率 （％）＝(536.3－528.8)÷528.8×100＝1.407\%$$
です。対前期比伸び率は四半期ごとのいわば瞬間的な動向を見るのに適していますが，対前年同期比伸び率はより長期的な伸び率の趨勢を見るのに適しています。

[4]　ディフュージョン・インデックスの計算方法については，章末の「アドバンス」を参照。なお，景気転換点の判断には，ヒストリカル DI が用いられています。詳細については内閣府経済社会総合研究所刊『景気動向指数の見方，使い方』(http://www.esri.cao.jp/jp/stat/di/0610pamph/0610pamph.html) を参照。

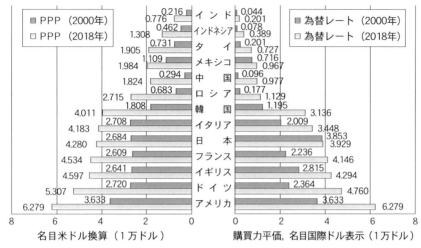

図1-2　一人当たり GDP の国際比較（2000年および2018年）

出所：World Bank, World Development Indicators より著者作成。（2020.1.12現在）

3．世界の国々の比較

　前節では，過去60年間の日本の GDP の規模と変化率を紹介しました。ひとつの国について時間の経過とともに記録したこの種のデータを時系列データと呼びます。他方，調査時点はひとつでも複数の国を対象にしたデータもあります。この種のデータをクロスセクションデータと呼びます。[5]　本節では，2018年時点での世界各国の経済活動規模を GDP で比較するときの問題点について考えます。

　普通，GDP は自国通貨で表示されています。例えば，2018年時点での日本の1人当たり GDP は約430万円，それに対しアメリカではおよそ6.3万ドルでしたが，通貨単位が異なった状態では1人当たり GDP の大小関係は比較出来ません。そこで，各国通貨表示の GDP を同一通貨（例えば米ドル）表示に揃える方

---

[5]　詳細については，10章の「アドバンス」を参照。

法を考えてみましょう。

　自国通貨建て1人当たり GDP を米国通貨建て1人当たり GDP に変換するためには，まず米ドル1単位が自国通貨何単位と同じ価値を持つのかを調べ，これを交換比率（自国通貨建て為替レート）として

$$
\text{米ドル建て1人当たり GDP} = \frac{\text{自国通貨建て1人当たりGDP}}{\text{交換比率}}
$$

とします。

　自国通貨と米ドルとの交換比率として最も身近で簡単な例は，毎日のニュースに登場する為替レートでしょう。為替レートとは，国際通貨同士の交換比率のことです。先ほどの例で，2018年の1ドルは110.42円なので，米ドル建ての日本の1人当たり GDP はおよそ3.93万ドル（＝433.85万円÷110.42円）になります。図1-2の左側のグラフは為替レートで米ドルに換算して各国・地域の GDP を比較したものです。

　しかし，為替レートの値は日々変動し，安定していません。また，各国の国内物価水準は違うため，為替レート上は同じ価値でも購買力が等しくなるとは限りません。そこで，為替レートに代わって1米ドルの購買力がすべての国で等しくなるような交換比率を使い，1人当たり GDP の国際比較を行います。このような交換比率を購買力平価（Purchasing Power Parity，PPP）と呼びます。[6]
図1-2の右側のグラフは購買力平価で変換した1人当たり GDP です。貿易などの国際的取引の影響や投機による変動が大きく不安定な為替レートに比べて，購買力平価はこの種の影響を除去できるので，より経済実態に即した国際比較が可能になります。

> **チョット 考えてみよう？**　**BigMac 指数と PPP**
> 　英国の経済誌エコノミスト（The Economist）は，世界中のマクドナルドで販売されているビッグマック（Big Mac）の価格を調査し，その結果を Big Mac 指数としてホームページ（http://www.economist. com/）で公表しています。2019年7月発表の調査結果によれば，BigMac の日本国

---

[6]　詳しくは第8章で説明します。

内での平均価格販売価格は390円であったのに対し，アメリカでは同じ BigMac を5.74米ドルで販売していました。つまり，BigMac ひとつを買うことを目的としたとき

　　　　390円＝5.74米ドル

という関係が成り立つので，1米ドル＝390÷5.74＝67.94円です。

　ところで同時期の為替市場での円レートは108.77円/ドルでした。このことから，もしも BigMac 指数が適切な交換比率を表すと仮定するならば，当時の為替市場は円の価値を37.5％も過小評価していたことになります（詳細は章末の練習問題の問2を参照）。

　もっとも実際には，我々は BigMac だけで生活しているわけではありません。ですから他の財・サービスの価格についても総合的に比較して交換比率を算出すべきでしょう。それぞれの通貨がもつ商品を購入する力（＝購買力）が等しくなるように計算した交換比率のことを「購買力平価（PPP）」と呼びます。

アドバンス

景気動向指数

　景気の状態を計測する代表的な指標が，政府の経済調査組織である内閣府経済社会総合研究所が発表する「景気動向指数」で，景気が上向きか，あるいは下向きかを判定する指標です。生産，投資，販売，雇用など景気に敏感とされる複数の指標の月次の値に基づいて，合成指数が作成されています。これはコンポジット・インデックス（Composite Index, CI）と呼ばれています。CI は景気変動の大きさやテンポ（量感）を測定することを目的とした指標です。月次指標には景気動向に先駆けて変動する「先行系列」，景気動向と同時的に変動する「一致系列」，および景気動向に遅れる「遅行系列」があります。一致系列として現在採用されているのは11系列で，生産指数（鉱工業），鉱工業生産財出荷指数，大口電力使用量，耐久財消費財出荷指数，所定外労働時間数（調査産業計），投資財出荷指数（除輸送用機械），商業販売額（小売業）（前年同月比），商業販売額（卸売業）（前年同月比），営業利益（全産業），中小企業出荷指数（製造業），および有効求人倍率（除学卒）から成り立っています。個別系列の11系列の共通変動から極端にはずれた値は整理した上で，11系列を合成して景気変動の動向を量感として表現できるように作成されています。そのため，各系列の前月からの対称変化率（変化分/（当月値と前月値の平均値））を基準化した上で合成し，合成指数の水準値を「一致指数」として作成しています。したがって，CI は景気が良いときには上昇していき，景気の山（ピーク）を経て景気後退期には下降していき，景気の谷（トロフ）を経て，再び上昇するように構成されています。つまり，景気動向が量感として把握されます（図1－1参照）。同様

に，先行系列からは先行指数が，遅行系列からは遅行指数が合成されています。
　しかし，景気の転換点はディフュージョン・インデックス（Diffusion Index, DI）
を利用して決められています。DI についても CI と同じ系列を使用して，先行指数，
一致指数，遅行指数が作成されます。DI では当月の値が３ヶ月前の値と比較して，
増加した場合には「＋」，減少した場合には「－」，横ばいの場合は「0」としま
す。[7] その上で，「＋」は１点，「0」は0.5点，「－」は０点と数えて合計し，値が判
明している採用系列数に占める割合を計算し作成します。2014年10月時点の景気
は，３ヶ月前に比べて拡張的傾向を示す指標が５個，横ばいが３個，縮小傾向を示
す指標が２個で，以上，値の判明している系列数が10個ですので，

$$DI＝（プラスの指標数＋横ばいの指標数×0.5）÷総指標数×100（\%）$$
$$＝（5＋3×0.5）÷10×100＝65$$

になります。
　DI の値が50%の時が景気転換点の目安で，一致指数が３カ月以上連続して50%
を上回っているときは景気拡大局面，下回っているときは後退局面の目安とされま
す。DI が50以上から50以下に低下する時点の直前の月が景気のピーク，50より下
から50以上に抜ける直前の月が景気の谷（トロフ）になります。景気の転換点は DI
に基づいて作成される historical DI に基づいて決定されています。[8]

本章のまとめ

1．国内総生産（GDP）は一国の国内で一定期間内に新たに生産した財やサービ
　スの粗付加価値額を合計したもので，国連が定めた SNA という国民経済計算
　のための会計システムにもとづいて計測されています。
2．景気とは経済活動の活発さの程度を表す言葉で，経済活動が活発で経済全体
　が拡大している局面を景気拡大もしくは好況，その頂点を景気の山（ピーク，
　peak），経済活動が不活発になり，景気全体の成長が鈍化するあるいは減少する
　場合を景気後退または不況，景気後退から景気拡大へ転換する境目を景気の谷
　（トロフ，trough）と呼びます。この過程の全体を景気循環（ビジネスサイクル，
　business cycle）と呼びます。景気の谷から谷までの期間を景気循環の周期と
　いいます。

---

[7]　前月の値ではなく，３ヶ月前の値と比較することは月々の不規則変動を均した今月まで
　の３ヶ月移動平均値と前月までの３ヶ月移動平均値を比較していることを意味します。
[8]　景気動向指数の詳しい作成方法については内閣府経済社会総合研究所『景気動向指数の
　利用の手引』を参照。
　http://www.esri.cao.go.jp/jp/stat/di/di3.html#link002

3．世界各国の GDP の国際比較を行うためには購買力平価 (PPP) を用いて行う
と，実質的な意味での比較ができます。

■その他のキーワード■

景気動向指数　景気が上向きか，あるいは下向きかを判定する指標。景気変動の大
きさやテンポ（量感）を表わすコンポジット・インデックス（CI）と景気の転
換点を示すディフュージョン・インデックス（DI）がある。
フロー　ある一定期間の流量を示す。一定時点の残高を示すストックに対する概念。

《練習問題》

問1：次の文章中の　□　に適切な語句を記入しなさい。

(1) SNA とは一国全体の経済活動を把握する会計システムのことで，一国経済全
体の生産・所得・支出の内訳をまとめた　①　のほかに，産業間での原材料
や製品のやりとりをまとめた　②　，海外との取引をまとめた　③　，
資金の流れをまとめた　④　，および一国経済全体を資産や負債といったス
トック面から捉えた　⑤　で構成されます。

(2) 経済活動が活発で経済全体が拡大している局面を景気　⑥　もしくは
　⑦　，その頂点を景気の　⑧　と呼びます。逆に，経済活動が不活発に
なり，景気全体の成長が鈍化するあるいは減少する場合を景気　⑨　または
　⑩　と呼びます。景気後退から景気拡大へ転換する境目を景気の　⑪　
と呼びます。

問2

(1) 2019年7月発表の BigMac 指数では1米ドル=67.94円である。しかし同時期
の為替市場では1米ドル=108.77円であった。ここで BigMac 指数を適正な交換
比率と仮定する。その場合，為替市場での円の米ドルに対する価値は過大か，そ
れとも過小か。またその程度は何パーセントになるか。計算せよ。

(2) The Economist 誌 (https://www.economist.com/) の BigMac 指数のページ
に掲載されている国から関心のある3カ国を選び，それぞれについて[1]BigMac
で評価した米ドルに対する自国通貨の価値，[2]為替市場での価値にかかわる情
報を収集し，それらをもとに[3]為替市場での価値が BigMac 指数に対して過大
か過小か，またその程度を求めよ。

(3) (2)の BigMac 指数と同時期の PPP の値を入手し，同時期の為替レートを再度
評価しなさい。

24

国	通貨単位	1米ドルに対して		自国通貨1単位に対して		自国通貨の評価
		BigMac	為替市場	BigMac	為替市場	
日本	円	67.94円	108.77円	ドル	ドル	%

第2章

豊かさの指標を考えてみよう

　第1章では,「国内総生産」をベースに経済活動の大きさを測り,景気循環とGDP成長率との関係や,各国間で1人当たりGDPの格差が大きいことなどを確認してきました。本章ではGDPを「豊かさの指標」という観点から再考します。GDPの意味を見直し,GDPを豊かさの指標として使うことの利点や欠点を考えてみましょう。

本章で学習すること

1．名目値と実質値の経済的な意味について確認します。
2．実質GDPの計算とGDPデフレータについて定義します。
3．豊かさの指標としてGDPを使うことの問題点について整理します。

1．実質と名目

　人は何をもって生活の「豊かさ」を実感するのか。この問いへの回答は,人それぞれの価値観によって異なるでしょう。そこで本章では「豊かさ」の経済的な観点に焦点を絞って,「豊かさ」とGDPとの関係を考えてみたいと思います。あなたの年収が,昨年の1.5倍になったとします。さて,あなたの生活は豊かになったと言えるでしょうか。私たちはお金を食べて生きているのではありません。ですからいくら年収が1.5倍になっても,その所得で購入できる財やサービスの量が増えなくては,生活が豊かになったとは言い難いでしょう。ここで重要になるのが,名目値と実質値の区別です。

　新聞やニュースでは,2種類のGDPを報道する場合があります。ひとつは名

目 GDP, もうひとつが実質 GDP です。日常の生活で「名目」といえば, 物の名称, 表向きの名前, または表面上の理由などを意味します。しかし経済学で使う名目値とは, ある時点における市場価格で評価した値を意味し, 通常の意味とはまったく別の意味で使います。

　第1章で紹介したように, 名目 GDP は最終財の数量とそれらの市場価格とから計算されます。ですから, すべてのモノ (財・サービス) の価格が1.5倍になれば, モノの量そのものが増えなくても名目 GDP の金額は1.5倍になります。しかし, モノの量で測った「豊かさ」には変化がありません。「豊かさ」を経済活動の大きさで測ろうとしているわれわれにとって, 生産量自体は変わらないのに価格が上昇しただけで見た目の経済活動量が膨れ上がってしまう名目 GDP のような指標は望ましくありません。このような場合, 名目 GDP に代わって実質 GDP という指標を利用します。

　経済学で使う実質値とは, 基準時点の市場価格で評価した値のことです。したがって実質 GDP は, 名目 GDP から財・サービス価格の上昇の影響を除外した指標で, 基準とした期間に生み出された財・サービスの価値と別の期間に生産された財・サービスの本当の価値の比較を可能にする指標です。よって豊かさの指標としては, 名目 GDP よりも適していると言えるでしょう。上で示した例のように, すべてのモノの価格が1.5倍になるような場合, その計算は簡単です。しかし現実には価格が上昇する財と下落する財があり, その程度もさまざまです。そこで「実質 GDP」の計算方法の概略を次にみることにしましょう。

2．実質 GDP の計算方法

(1) 数値例

　第1章の数値例を使って, 実質 GDP の計算方法を確認してみましょう。表2-1は2014年に生産された最終財の生産数量と市場価格に関するデータです。これらから, 2014年の GDP は

表2-1　2014年の最終財の生産数量と市場価格

（基準年＝2014年）

	数量	2014年価格での評価		基準年価格での評価	
		市場価格	販売額	市場価格	販売額
パン	3,000個	200円	60万円	200円	60万円
自動車	2台	100万円	200万円	100万円	200万円
名目 GDP			260万円		
実質 GDP					260万円

表2-2　2015年の最終財の生産数量と市場価格

（基準年＝2014年）

	数量	2015年価格での評価		基準年価格での評価	
		市場価格	販売額	市場価格	販売額
パン	2,500個	220円	55万円	200円	50万円
自動車	2台	110万円	220万円	100万円	200万円
名目 GDP			275万円		
実質 GDP					250万円

　　　2014年の GDP＝パン3000個×200円＋自動車２台×100万円＝260万円

となり, 2014年の名目 GDP は260万円であったことになります。同様に表2-2から, 2015年の名目 GDP は

　　　2015年の GDP＝パン2500個×220円＋自動車２台×110万円＝275万円

であるため, 275万円になります。

　一方, 実質 GDP を計算するためにはまず基準となる年を決めます。そして基準年の市場価格を使って当該年の最終財の販売額を計算します。例えば, 2014年を基準年としましょう。このとき, 2015年の実質 GDP は, 2015年の数量と2014年の市場価格を使って

　　　2015年の実質 GDP＝パン2500個×200円＋自動車２台×100万円＝250万円

と計算されます。2015年の名目 GDP が275万円でしたから, 市場価格の変化によって経済活動の規模は25万円分水増しされていたことになります。一方,

2014年の実質 GDP は

2014年の実質 GDP＝パン3000個×200円＋自動車 2 台×100万円＝260万円

となり，定義上，2014年の名目 GDP と一致します。

　名目 GDP だけを比較すると，2014年から2015年にかけておよそ5.8％（＝（275万円－260万円）÷260万円×100）だけプラス成長していますが，実質 GDP は逆に約3.8％（＝（250万円－260万円）÷260万円×100）のマイナス成長となりました。実質的な経済活動は3.8％も減少したのに，商品の市場価格が高くなったため名目値の経済活動量は5.8％も増加してしまったのです。この差，9.6％（＝5.8％－（－3.8％））が一国経済全体での価格，つまり物価の変化率になります。

（2）実質 GDP と名目 GDP との関係

　名目 GDP と実質 GDP との比率を GDP デフレータと呼び，両者の間には

$$\text{GDP デフレータ}＝\frac{\text{名目 GDP}}{\text{実質 GDP}} \qquad (2-1)$$

という関係があります。定義上，基準年の GDP は名目値と実質値が一致しますから，基準年の GDP デフレータの値は 1 （あるいは100倍して100とすることもあります）になります。上の例で，2015年の GDP デフレータは次式で求められます。すなわち，

275万円÷250万円＝1.10

です。これを，基準年の GDP デフレータの値を100とした％表示に直すと，110になります。

　GDP デフレータのようなデータを指数と呼びます。指数とは，ある統計データについて，基準年の値を 1 または100として各時点の値を表したもので，時間的な変遷や比率などを比較しやすくしたものです。例えば，上の例では基準年から翌年にかけて，GDP デフレータの値は 1 から1.10（あるいは100から110）になったので，GDP デフレータで測った物価指数は10％上昇したことになりま

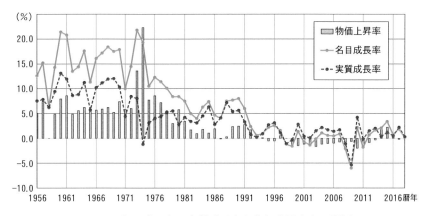

図2-1　名目成長率，実質成長率と物価上昇率との関係

出所：内閣府ホームページから取得した基準年が異なる系列を接続。（https://www.esri.cao.go.jp/jp/sna/
　　　data/data_list/kakuhou/files/files_kakuhou.html）。1955〜1980年は1990年基準・68SNA，1981〜1994
　　　年は2000年基準・93SNA，1995年以降は2011年基準・2008SNA。（2020.1.12現在）

す。一国内ではいろいろなモノ（財・サービス）が生産，購入されています。
モノひとつひとつの市場評価額が「価格」ですが，「物価」は国内で生産，購入
されたいろいろなモノの全体的な価格です。しかし，1個数十円から数百円の
パンもあれば，1台数十万円から数百万円する自動車など，モノもさまざまで
すから，物価指数は1個あたり価格の単純な平均価格ではなく，個々の価格を
その生産数量や購入数量でウェート付けした平均価格（加重平均価格）として
計算されています。

（3）名目 GDP 成長率を，実質 GDP 成長率と物価上昇率にわけてみよう

　ある年の名目 GDP，実質 GDP，デフレータの間には（2−1）式の関係があ
りますが，（2−1）式を書き直すと，次のようになります。すなわち，

　　　　　名目 GDP＝実質 GDP×GDP デフレータ

です。このとき，名目 GDP の変化率（あるいは成長率）をおよそ右辺にある実
質 GDP と GDP デフレータの変化率の合計として表すことができます。つま

り，名目 GDP 成長率はおよそ

名目 GDP 成長率＝実質 GDP 成長率＋GDP デフレータの変化率

に分解することができます。一般に，GDP デフレータのような物価指数の変化率のことを物価変化率と呼びます。

　この関係を使って，日本の GDP 成長率を分解したのが図2-1です。図2-1にあるように，1995年以前は物価変化率がプラスであったため実線（名目成長率）の方が点線（実質成長率）よりも高くなっています。他方，最近問題になっているデフレーション（物価の持続的な下落）とはインフレーション（物価の持続的な上昇）の逆です。98年以降では名目成長率が実質成長率より低い傾向になっていますが，この期間にはデフレが継続していたことになります。

3．GDP の問題点

　前節では，名目 GDP によって経済的な「豊かさ」を測ることの問題点をまず指摘し，物価の変化を取り除いて実質的な経済活動を測る方法を次に紹介しました。しかし，これだけで GDP が豊かさを測る完璧な指標になるわけではありません。本節では，GDP を「豊かさの指標」として利用する際に問題となる点を多角的にまとめてみます。

（1）誰にとっての豊かさなのか？

　豊かさの指標として GDP を利用する場合，その主体は誰なのでしょうか。定義から明らかなように，GDP は一国の居住者が国内（Domestic）で一定期間に生産した粗付加価値総額です。この場合，居住者とは一国の国内に居住する人・法人で，その経済的利害の中心が国内にある場合で，国籍とは関係がありません。[1] 日本で活動している外国企業は日本で雇用を生み出し，日本国内で付加価値を生産しています。そこで働く外国人も国内居住者扱いとされます。また，

国内は政治的な意味での国内ですので，海外における領事館のサービス生産活動は GDP に含まれ，在日大使館などのサービス生産活動は日本の GDP には含まれません。

　GDP が居住者による国内での経済活動（所得）の規模を測るのに対して，国民総所得（Gross National Income，GNI）は国民が国内と国外で生産した所得のうち国民が受け取る所得の大きさを測ります。[2] ですから，GNI には国民が海外で稼いだお金も含めます。これを「海外からの所得」と呼び，具体的には海外子会社からの配当や，海外での証券投資から生じる利子所得などの財産所得，海外での雇用者報酬などです。[3] しかし，これとは逆に，国内に居住する外国人や外国企業による「海外への所得」は GDP から除きます。したがって，GDP と GNI との間には

$$\text{GNI} = \text{GDP} + 海外からの所得 - 海外への所得$$

という関係が成り立ちます。

　つまり，GDP は居住者による国内での生産活動（所得）を示す概念であるの

---

[1] 　経済的利害の中心が国内にあるかどうかの判断は以下のような基準によります。国連の 93SNA によりますと，「ある制度単位が一国の居住者であるのはその制度単位がその国の経済的領土に経済的利害の中心を持つ場合である。経済的利害の中心を持つのは，経済的領土の範囲内に何らかの場所――住居，生産場所ないし他の建物――を保有して，無期限か有限ではあるが長い期間，大規模に経済活動や取引に従事し，かつ，従事し続ける意図を持っている場合である。多くの場合，長期間とは 1 年以上と解釈してよいだろう。もっともこれはガイドラインとして提示されているだけで，硬直的な規則として提示されているわけではない。」とされています（*System of National Accounts 1993*, p.89参照）。日本では，外国企業の日本での事務所とそこで働く外国人は居住期間の如何を問わず，居住者扱いです。逆に，日本企業の海外事務所とそこで働く日本人は非居住者です。個人については，日本人は原則的に居住者扱いですが，海外の事務所で勤務する者，2 年以上外国に居住する目的で出国し外国に滞在するか，2 年以上滞在するに至った者は非居住者扱いです。他方，外国人は原則的には非居住者扱いですが，外国人でも日本国内にある事務所で勤務する者，入国後 6 ヶ月以上経過したものは居住者扱いです。ただし，外国政府又は国際機関の公務を帯びる者，外交官又は領事館及びこれらの随員又は使用人で，外国において任命又は雇用された者は非居住者です（蔵国4672昭和55年11月29日）。国際収支表の居住者と非居住者間の取引についても同一の基準が使われています。

[2] 　93年の改正 SNA により，それまで国民全体の総生産概念として使われてきた国民総生産（Gross National Product, GNP）は新たに所得面から全体像を把握する概念であることを明確にするため GNI と名付けられました。

[3] 　日本では，居住者と非居住者との間の雇用者報酬のやりとりは，ほぼ，船舶・航空機の乗務員などの給与に限定されており金額は多くありません。

32

本社が日本にある自動車メーカーが，米国に子会社を設立して，現地で日本車を生産・販売しています。この子会社が生み出す利潤と日本人従業員の給与は，日米いずれの国のGDPに含まれるでしょうか。GNIの場合はどうでしょうか？

基本的には居住者が生産したものがGDPに含まれます。居住者とは国内に居住している法人と個人のことです。法人には，外国に本社がある法人の子会社や事務所も含まれます。個人については，これら子会社や事業所で勤務する外国人については期間の如何を問わず居住者であり，そうでない個人について一定期間以上（1993SNAでは1年以上，ただし，運用は弾力的で良いということで，日本では，外国人については6ヶ月以上）在住する者を居住者としています。したがって質問の日系自動車メーカーの米国支社・事務所で働く日本人は，主たる住所が米国にあるため，日本の非居住者，米国の居住者になります。

米国国内で生産活動を行なっている以上，この子会社の生み出す所得は米国のGDPに含まれ，日本のGDPには含まれません。しかし，この子会社の生み出す利益は持ち分に応じて日本の親会社の所得になりますので，米国のGNIには含まれず，日本のGNIに含まれます。

同じ非居住者の生産活動であっても，アメリカ人アーティストなどが短期の公演活動などで来日した場合，そのアメリカ人への支払いはサービス（文化・興行サービス）の輸入に当たるため，結果的には，日本のGDPには貢献しないで，そのアメリカ人の居住するアメリカのサービスの輸出となり，アメリカのGDPに貢献することになります。

日本の豊かさを考える時，日本企業が海外で稼ぐ利益は，日本国民が利用できる所得を増加させるため重要な意味があります。実際，直接投資や証券投資収益の受け払いがかなりの金額である［2012年の海外からの所得は21兆円，海外への支払いが6兆円，その結果，海外からの所得の純受取は15兆円，GDPの3.2%です］ためGDPとGNIの違いや，日本の資産を考える上で無視できないものになっています。

に対して，GNIは国民が国内と国外で生産した所得のうち国民が受け取る所得水準を示す概念といえます。[4]　ですから，国内の景気を生産活動の繁閑という

[4]　GNIにおいて，国民はGDPを定義した時の居住者と同じですが，国内の外国企業の利益のうち本国の親会社に分配される部分などが除かれますので，GNIにおける国内居住者としての外国企業の所得はGDPのそれとは異なります。逆に，日本企業の海外子会社の利益のうち本社企業への分配分は国内居住者としての親企業の所得に含まれます。このような国内外での所得のやりとりを経た上での国内居住者の所得を計上しますので，GNIは国民に帰属する所得を示すという意味がGDPよりも強いことになります。

意味で捉えるのであれば GDP の方が適した指標といえますし，国民が国内外で生産した所得のうち国民が受け取る所得水準という点では GNI の方が適していることになるでしょう。

（2）GDP に含まれない財・サービスについて

　GDP は「市場で取引された財・サービス」に関する指標です。しかし我々の身の回りには，市場で取引されない財・サービスもたくさんあります。

　代表的な例は，家庭内労働です。われわれは毎日，家庭内で膨大な量のサービスを生産しています。食事の準備や片付け，洗濯，子供の宿題の手伝い，親族の介護など，これらは日ごろ家庭内で生産されるサービスの一例です。しかしこれら家庭内労働は，市場で取引されていないため GDP には含まれません。

　ところが，この家庭内労働を家庭外の労働力で置き換えた場合，どうなるでしょうか。食事は外食で済ませ，洗濯はクリーニングに出し，子供の宿題は塾・家庭教師に面倒を見てもらうことにしても，同等のサービスを受けることは出来ます。さらにこの場合，これらのサービスは市場での取引を経由しますから GDP の一部に含まれるのです。

　近年，共稼ぎ世帯の増大に伴い，これまでは家庭内でなされてきた活動に代替する財・サービスが市場で取引されるようになってきています。このように代替が進めば，従来は GDP に計上されなかったサービス活動が GDP に含まれることになります。

　とは言え，これ以外にも市場外で取引される財・サービスはたくさんあります。このことは国際比較を行なう場合大きな問題になります。アフリカやアジアの発展途上諸国では，市場外取引が多いため，GDP は総生産量を過小評価する傾向にあります。これが統計上，アフリカやアジア諸国の 1 人当たり所得が非常に低くなっている背景の一因と考えられています。

（3）GDP から除外されるべき部分について

　GDP の定義のキーワードのひとつ「粗付加価値総額」の「粗」とは，資本財の減価償却分を生産額の評価の中に入れたままにするという意味です。その意味を第1章のパン屋の生産活動を例に考えてみましょう。

　第1章の例では，パン屋は小麦粉だけを使ってパンを作っていると仮定していました。しかし実際にパンを作るには原材料以外にもパン焼き機等の生産設備が必要です。更にその一部は使っているうちに壊れたり擦り切れたりします。この生産設備の価値の減少分を「減価償却」あるいは「固定資本減耗」と呼び，この生産設備の減価償却費用を粗付加価値額から差し引いたものが「純」付加価値額です。

　GDP から固定資本減耗を差し引いたものが国内純生産（Net Domestic Product, NDP）

　　　　国内純生産＝国内総生産－固定資本減耗

です。ある年の GDP がいくら高くても，それが生産設備の酷使を伴い，翌年以降の経済活動を縮小させるようであれば，豊かな状態であるとは言えません。「持続可能な経済活動規模」の尺度という見地からすれば，固定資本減耗分を除外した NDP の方が，GDP よりも適した指標と考えることができます。

　同様のアイデアを，環境問題に応用してみましょう。付加価値の生産プロセスにおいて減耗するのは資本財だけではありません。空気，水，土壌といった自然資産の価値が経済活動によって損なわれたのであれば，この損失も考慮すべきでしょう。この損失を「帰属環境費用」と呼び，これを NDP から控除したものが「環境調整済国内純生産（EDP, Eco Domestic Product）」，あるいは一般に「グリーン GDP」と呼ばれているものです。[5]

　SNA は経済活動による環境への悪影響を測っていません。劣悪な環境の下では豊かさを実感することはできないでしょう。そこで，1993年に国連が SNA を

---

[5]　経済企画庁経済研究所（http://www.esri.cao.go.jp/jp/sna/sonota/satellite/kankyou/contents/g-eco1.html）を参照。

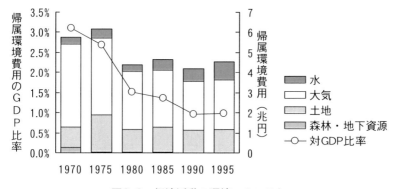

図2-2　経済活動の環境へのコスト

出所：内閣府のホームページ『環境・経済統合勘定の試算について』より著者作成。
http://www.esri.cao.go.jp/jp/sna/sonota/satellite/kankyou/contents/g_eco2.html
（2015.3.10現在）

改訂した際，「環境・経済統合勘定体系」を SNA のサテライト勘定[6]として導入することが提唱されました。わが国では，経済企画庁（現在の内閣府）が国連の指針に沿った方法で1995年に試算値を公表しています。

　図2-2は，1970年から95年までの期間の帰属環境費用の規模とその種類の推移を５年ごとに示したものです。それによれば，1970年には対 GDP 比が3.1％もあった帰属環境費用は，年々減少し，1990年時点では１％程度にまで低下しています。[7]

（4）ストックとフロー

　ここまでは，国内の経済活動の大きさを GDP という指標で測るときの問題

----

[6]　サテライト勘定とは，社会的に関心の高い保健・医療，教育，環境保護などの分野についての詳細な情報提供を目的として作成された SNA の付属勘定のことです。

[7]　しかしながら，環境負荷物質に対する貨幣評価手法が国際的にも定まらないこと，及び国連が新たな考え方を踏まえた SEEA（環境・経済統合勘定）の改訂に着手していることに鑑み，内閣府経済社会総合研究所国民経済計算部では新たに「経済活動と環境負荷のハイブリッド型統合勘定」を開発，1990，1995，2000年について試算しています。詳しくは，内閣府経済社会総合研究所『新しい環境・経済統合勘定の概要』（http://www.esri.cao.go.jp/jp/archive/snaq/snaq133/snaq133c.pdf）を参照。

36

表2-3　日本の期末貸借対照表（2017暦年末，兆円）

資産		負債・正味資産	
非金融資産	3,055.3	負債	7,509.2
生産資産	1,849.7	うち株式	1,182.2
固定資産	1,779.3		
在庫	70.5		
非生産資産（自然資源）	1,205.6	正味資産	3,383.7
土地	1,199.1		
鉱物・エネルギー資源	1.4		
金融資産	7,837.7		
うち株式	891.0		
期末資産	10,893.0	期末負債・正味資産	10,893.0

出所：内閣府ホームページ『2017年度国民経済計算（2011年基準・2008SNA）ストック編』より。
https://www.esri.cao.go.jp/jp/sna/data/data_list/kakuhou/files/h29/h29_kaku_top.html（2020.1.12
現在）

点を考えてきました。GDP はある一定期間中に生産された財・サービスの粗付加価値の合計，つまり，国内で生産された所得の合計になります。

　では所得以外に豊かさの指標はないでしょうか。自らの経済的豊かさを測るとき，我々は所得だけでなく，貯金残高やローン残高のような資産額も気にします。一般に，所得のように，ある一定期間を区切って計測される経済データはフロー・データと呼ばれます。他方，貯金残高のように，ある一時点における大きさ（残高）として定義されるデータをストック・データと呼びます。

　一国経済全体の場合，国全体の経済活動をフローとストックの両面から記録したものが「国民経済計算」です。一国全体の一年間（または3ヶ月）の経済活動のフロー面を計測しているのが GDP や国民所得などで，他方，期末の時点でストック面を計測しているのが「期末貸借対照表勘定」で，国全体の資産や負債状況を記述しています。

　表2-3は，2017年末の日本の期末資産負債残高です。表の左側に日本の資産合計が記入されており，総額は10,893兆円です。一年間の生産総額が国内総生産と呼ばれるのに対し，この一時点の資産総額は国民総資産と呼ばれます。「正味資産」は

正味資産＝期末資産（非金融資産＋金融資産）－期末負債

と定義され，各制度部門の正味資産を合計したものは国富とも呼ばれています。2017年末の日本の国富は前年末に比べて460兆円増加しました。非金融資産は59兆円の増加にとどまりましたが，アベノミクスの大胆な金融緩和によって株式が前年比で210兆円も増加，金融資産全体では400兆円の増加に達しています。

　これを1人当たりに換算すると，2017年末の国富は8597万円，前年比で377万円増加したことになります。[8]　一方，2013年度の1人当たり名目GDPは431万円，前年度から9万円ほど増加しています。GDPの変化が小さいのに国富の変化が大きいのは，資産価格が大きく上昇したためです。

　この例からも明らかなように，経済活動はフローの側面とストックの側面から捕捉できますが，それぞれの意味合いは違います。GDPが一定期間の経済活動に基づく豊かさを測るのに対して，国富は過去からの経済活動によって蓄積した資産を測ります。それぞれ，分析の目的に応じて使い分けることが大切です。

本章のまとめ

1．経済学で使う名目値とは，ある時点における市場価格で評価した値を意味します。他方で，実質値とは基準時点の市場価格で評価した値で，名目値から価格上昇の影響を除外した値になります。ある年を基準年と定め，基準年の価格で当該年に生産された財・サービスの数量を評価したものが実質GDPです。
2．名目GDPと実質GDPの比率がGDPデフレータで，財・サービスの全体的な物価動向を示します。これらの変化率の間には名目経済成長率＝実質経済成長率＋物価変化率という関係があるため，1995年以降でデフレが発生している期間の日本経済では，名目成長率が実質成長率よりも低くなっています。
3．GDPは居住者による国内での生産活動（所得）を示す概念であるのに対し，国民総所得（GNI）は国民が国内と国外で生産した所得のうち，国民が取得する所得水準を示します。GDPは市場取引された財・サービスに関する指標であるた

---

[8]　一人当たりの数値は，総務省が公表している各年10月1日現在の人口推計の値を利用して計算。

38

め，家庭内労働のように市場取引されない経済活動は含まれません。逆に，生産活動に利用したため磨耗した設備の減価償却や，環境汚染によるマイナスの効果は除外されていません。これらは，GDPを豊かさの指標として使用する際に問題となります。更に，豊かさの指標はGDPのようにフロー面だけで測られるものではなく，場合によっては資産のようなストック面の吟味が必要となります。

アドバンス

いろいろな物価指数

GDPデフレータ以外の物価指数にはどのようなものがあるでしょうか。
ニュースや新聞に頻繁に登場する消費者物価指数（Consumer Price Index, CPI）は，日常生活で我々消費者が購入する商品の平均的な価格を示したもので，毎月，総務省が調査・公表しています。CPIを計算するためには，①標準的な家計がどの商品をどのくらい購入するのか，②商品それぞれの価格，を調査しなくてはなりません。

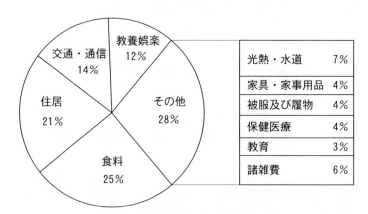

図2-3　標準的な家計の支出構成比率

出所：総務省統計局ホームページ
　　　http://www.stat.go.jp/data/cpi/2010/kaisetsu/zuhyou/5-1.xls（2014.12.30現在）
注：平成22年基準消費者物価指数ウエイト　中分類（実数ウエイト，全国）

標準的な家計の支出構成比率については，総務省が全国約8000世帯を対象に実施している「家計調査」において毎月の家計簿記入を依頼しているため，この調査をもとに把握しています。図2-3は2010年平均の10大費目別の支出比率にもとづくCPIのウエイトです。各費目は更に細かく分割され，例えば全支出の25%を占め

る食料費で野菜・海藻への支出は全支出の３％，外食支出は全支出の５％といった具合です。

　これらの比率をあたかも標準的な買い物かご（バスケット）に入っている商品の比率に見立て，バスケットの中の商品のある基準年の価格と，同じ商品を別の時期に同じだけ購入したときの価格とを比較したものが CPI です。

　バスケットにいれる対象品目に何を選択するかによって，他にもさまざまな物価指数が考えられます。企業の生産者段階での価格を対象とした物価指数としては「企業物価指数（Corporate Goods Price Index, CGPI）」[9] がありますし，金融関係では東京証券取引所一部に上場した企業の株価を対象とした東証株価指数（TOPIX）や，日経平均株価などの株価指数があります。[10]

■その他のキーワード■

ストック　ある時点における残高を示す。ある一定期間の流量を示すフローに対する概念。

国富　国民貸借対照表中で，期末の資産（非金融資産＋金融資産）－期末負債。

《練習問題》

問1：次の文章中の　　　　　　に適切な語句を記入しなさい。

(1) 一国の国内で一定期間に新たに生産された粗付加価値額の合計は　①　と呼ばれる。海外から一国の国民が受け取った　②　は　③　には含まれるが，　④　には含まれない。逆に，海外へ送金された　⑤　は　⑥　には含まれないが，　⑦　には含まれる。

(2) 所得のように期間を設けて定義されるデータを　⑧　データと呼び，貯金残高のようにある一時点における大きさとして定義されるデータを　⑨　データと呼びます。

---

[9] 以前は，卸売物価指数（Wholesale Price Index, WPI）と呼ばれていましたが，2002年12月公表分（2000年を基準年とする改定）から名称と調査対象が変更されました。詳細な資料は，日本銀行のホームページ『企業物価指数（2005年基準）の解説，および関連資料』（http://www.boj.or.jp/statistics/outline/exp/pi/excgpi03.htm）にあります。（2011.3.9現在）

[10] 日本銀行のホームページ『物価指数の FAQ』（http://www.boj.or.jp/statistics/outline/exp/pi/faqprice04.htm）では，いろいろな物価指数に関する質問を解説しています。（2015.3.9現在）

問2：実質 GDP と GDP デフレータの計算問題

　表は，チーズとオレンジだけを生産している農業国の X 国の2014年と2015年の生産量と価格をまとめたものである。

	2014年		2015年	
	数量	価格	数量	価格
チーズ	500	200円	900	250円
オレンジ	2000	150円	3000	300円

⑴　2014年と2015年の名目 GDP を計算しなさい。

⑵　2014年の価格を基準として，2015年の実質 GDP を計算しなさい。

⑶　2014年を基準年として2015年の GDP デフレータを計算し，物価上昇率を求めなさい。

問3：最近（例えば平成27年指数以降）の日本の消費者物価指数（中分類指数，全国）の計算に用いる品目のウエイトを調べよ。図2-3にある平成22年指数の品目ウエイトと比べて，最もウエイトが減少したのはどの品目か。

第3章

金融のしくみを知ろう

　現代の経済問題を考える際には，「金融」に関わる諸問題を避けて通ることはできません。金融危機などのように，実際に現在の世界が抱えている多くの経済問題は，金融のしくみと密接な関係があります。その上，金融（特にファイナンスと呼ばれる分野）は経済学と経営学の中間的な領域を形成しているため，金融のしくみや考え方を理解することは，経済学や経営学を学習する上で絶対に欠くことができないものです。

本章で学習すること

1．簡単な例を用いて，金融の諸概念や原理についての理解を深めていきます。
2．キャピタル・ゲインの意味について学習し，債券の収益率の求め方を学習します。
3．マクロ経済学の中で重要な役割を果たしている実質利子率と名目利子率の違いを理解し，その意味や両者の間の関係などについて考察していきます。
4．直接金融と間接金融の違いについて学習し，日本の現状を踏まえながら，企業や家計の資金調達や資産運用について考えていきます。
5．ストックの面から金融を捉えた場合の，ポートフォリオの決定要因について考察します。

1．金融とは何か

　一般的には，「金融」と言うとお金を貸したり借りたりすることを思い浮かべると思います。たしかにお金の貸借は現代においては「金融」ですが，「金融」にはもっと広い意味があります。金融とは，最も抽象的に表現すると，現在の

もの（財や貨幣）と将来のものを交換することです。まず，金融に関する諸概念や原理を理解するために，以下のような簡単な仮想例を考えてみましょう。

＜仮想例＞

　AさんとBさんの2人の人がいたとします。Aさんはお米が足りなくて，どこかからお米を調達しなくてはいけないと考えています。Bさんはお米が余っていて，このままではたくさん腐ってしまうので何かよい保存の手段はないかと考えています。そこで，AさんとBさんが話し合って，AさんがBさんからお米を1000グラム借り，Aさんは「現在お米を1000グラム借りて，必ず1年後にBさんにお米を1100グラム返します，返せなかった場合には私のかばんをBさんにあげます。」と書かれた「お米借用証」をBさんに渡しました。

　この仮想例で行われていることは金融の一種です。(現代では，広い意味の金融と呼んだほうが良いかもしれませんが，これについては後に詳しく説明します。)AさんとBさんは，現在のお米と1年後のお米をお互いに交換したということが理解できるでしょうか。どんな比率で交換したかというと，現在のお米1000グラムと1年後のお米1100グラムを交換したわけですから，1年後のお米の量は現在の1.1倍（10パーセント増し）になっていることがわかります。このような現在のものと将来のものとの交換比率（相対価格）を粗利子率（または利子因子）と呼びます。また，利子率は現在のものよりも割増になった部分の比率として定義されます。上の仮想例では，現在の1000グラムのお米（元本と言います）に対する，1年後に割増になった部分である100グラム（これを利子と言います）の割合である10パーセントが利子率ということになります。式で表すと

　　　利子率＝(1年後のお米－現在のお米)÷(現在のお米)

となります。これを書きなおすと，

　　　(1＋利子率)×(現在のお米)＝1年後のお米

というように書くこともできます。[1]

　ここで注意しておかなければならないことが一つあります。上の仮想例で10パーセントの利子率が付いているのは，必ずしもBさんがAさんの弱みにつけこんだ結果（優越的地位の濫用によって）生じたものではないということです。もちろんそういう場合もあるでしょうが，AさんとBさんが対等の立場で話し合った場合でも，利子が存在することは十分に考えられます。Aさんはお米が足らなくて困っている状態であり，Bさんはお米が余っていて腐らせてしまうことをおそれている状態です。現在のお米と将来のお米を交換することはAさんにとってもBさんにとっても利益になることです。2人が話し合うなかで，1年後の将来よりも現在のほうを多少重視する（難しい言葉ではこれを時間選好と言います）という合意がなされ，その結果1年後のお米の量が現在のお米の量よりも多くなったとしてもまったく不思議ではありません。この場合には，現在のお米1000グラムと1年後のお米1100グラムが等価交換されているということができます。つまり，

　　　　1年後のお米1100グラム＝現在のお米1000グラム

という式が成り立っていることになります。この式は，1年後のお米1100グラムの現在価値は，1000グラムのお米であるというように読むこともできます。利子率の定義式を見なおしていただければすぐにわかると思いますが，1100（1年後のお米）を（1＋利子率）で割ったものが1000（現在のお米）になっていますから，1年後のお米の現在価値は，それを（1＋利子率）で割ることによって求められるということになります。このようにして求めた現在価値を特に割引現在価値と呼んでいます。

　次にAさんがBさんに渡した「お米借用証」の内容について考えてみましょう。現在のお米と1年後のお米を交換しているとは言っても，実際には，BさんはAさんが書いた「お米借用証」（正確にはAさんの債務）と引き換えにAさんに現在のお米を渡したことになります。では「お米借用証」には何が書かれ

---

[1]　粗利子率は，（1年後のお米）÷（現在のお米）ですから，この式から容易に解かるように，粗利子率＝1＋利子率　という関係があります。

44

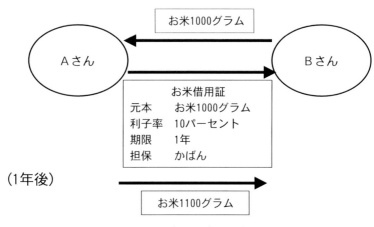

図3-1 〈仮想例〉の図解

ていたでしょうか。まず1000グラムのお米を借りるということが示されていま
す。これは元本の大きさを明示したものです。次に「1年後に返す」というこ
とが書かれていました。これを返済の期限といいます。さらに，1100グラム返
すということが書かれていました。これは利子率を定めたことになります。最
後に返せなかったらどうするかということが書かれています。仮想例の場合は
かばんをBさんにわたすことになっています。このような場合にかばんを担保
と呼びます。「お米借用証」はAさんとBさんの間の契約内容を表しています。
BさんはAさんに対して，「1年後に，お米1100グラムを自分に渡せ」と請求す
る権利を手に入れたことになり，Aさんはそれを実行する義務を負うことにな
ります。このような状況のとき，AさんとBさんの間には債権債務関係がある
と言います。また，権利を有しているBさんを債権者と言い，義務を負ってい
るAさんを債務者と言います。「お米借用証」のように債権債務関係を表示した
証書を「債務証書」と呼んでいます。仮想例の場合には，「お米借用証」はお米
の貸借の契約を表示する債務証書でした。一般的には金融の方式は貸借契約だ
けではありませんが，多くの金融の方式では，元本・期限・利子（率）・担保の
4つの要素が明示されています。

２．利子率と収益率

　実際の経済の金融手段は非常に多様であり，利子率（より一般的には収益率）を定義するやり方も一通りではありません。収益率というのは，最初に投資した金額に対する，儲かった金額（獲得した収益）の比率のことです。この節では基本的なものについて取り上げ，利子率や収益率などの考え方を整理しておくことにします。

（１）単利と複利

　利子率には大きく分けて２つの方式があります。一つは単利という方式で，一定の元本が毎期毎期利子を生み出していくというものです。これはちょうど一本の木が毎年毎年果実を生み出していくのに似ています。100円の元本が毎年10円の利子を生み出していくとすると，利子率は10パーセントです。100円を利子率10パーセントで３年間単利で運用することを考えてみましょう。３年後には生み出した利子の合計は全部で30円になり，それと元本を３年後にまとめて受け取ることになります。計算の過程を数式で書くと

$$100+100\times0.1\times3=(1+3\times0.1)\times100=130$$

となります。より一般的な式で書くと，元本 Y 円を利子率 r で n 年間単利で運用した場合，n 年後に受け取る利子と元本の合計額（元利合計）は，

$$(1+nr)Y \ （円），$$

と書くことができます。[2]
　また，最初の期に元本が利子を生み出すと，(元本＋利子)が新たな元本となっ

---

[2]　本章では利子率を記号表記する場合は，すべて小数点表示による元の数字であるとします。したがって，利子率 r をパーセント表示にすると $100r$ パーセントということになります。

て，それがさらに利子を生み出すという方式もあります。この考え方を複利と言います。年間利子率10パーセントで100円を3年間複利で運用することを考えてみましょう。1年目は110円になります。2年目は，この110円が10パーセントの利子を生み出すと考えますから，1.1×110（円）$= 121$円　になります。さらに3年目には，1.1×121（円）$= 133.1$円　になります。これを一つの式で表すと

$$(1 + 0.1)^3 \times 100 = 133.1$$

という式で計算することができます。より一般的な式で書くと，元本 Y 円を利子率 r で n 年間複利で運用した場合，n 年後に受け取る利子と元本の合計額（元利合計）は，

$$(1 + r)^n Y \ \text{（円）}$$

となります。

（2）債券の利回り

　これまでは，利子率があらかじめ決まっている場合の資金運用のケースについて，利子の付き方に2通りの方式があることを説明してきました。実際に金融資産を売買する場合に，収益率がどのくらいあるのかを計算するためには，もう少し複雑な要素を考慮しなければなりません。以下では債券に焦点を当てて，収益率の概念について詳しく見ていくことにしましょう。

①利付債と割引債
　債券は発行者の債務証書ですが，大きく分けて利付債と割引債の2種類があります。利付債は債券に利子を表示した半券（クーポン）が付いていて，それを毎期毎期行使すると，クーポンに表示されている金額を利子として受け取ることができます。例えば，額面価格が「100円」と表示されている A 会社の社債があったとします。この債券に5枚のクーポン（1年に1枚）が付いていて，

それぞれのクーポンに「５円」と表示されていたとしましょう。この社債は償還額が100円，表面利率５パーセントの５年物利付債ということになります。

　他方，債券の中には，まったくクーポンが付いていない債券もあります。そのかわり発行されるときに額面より安い価格で発行されます。これを割引債といいます。額面価格が「105円」償還期限「１年」と表示されているＢ銀行の金融債が，100円で発行された場合には，この債券を１年間保有することに伴う利子率は５パーセントということになります。

②流通市場とキャピタル・ゲイン

　ところで，短期の債券の場合は，発行された債券を購入すると，満期まで保有する場合が多いかもしれませんが，長期の債券を購入した場合は，途中で現金が必要になって債券を売却しなければならないこともよくあります。これを可能にしているのが流通市場です。新規に発行される債券や株式が取引される市場を発行市場と言いますが，これに対して債券や株式の流通市場は過去に発行された債券（既発債）や株式を売買する市場で，流通市場の取引価格は額面価格とは必ずしも一致しません。債券や株式は，この流通市場の発達によって多くの人々が取引に参加できるようになったと言えます。途中で現金が必要になるかもしれない場合でも，安心して（価格変動のリスクさえ負えば）債券や株式を購入することができるからです。

　前述したＡ会社の社債の例で，ある人がこの社債を発行されてから２年目の初めに90円で購入し，２年目のクーポンを使って５円の利子を受け取り，３年目の初めに94円で売却したとしましょう。この人の行動は，どれだけの収益率をあげたといえますか。

　この人は90円という資金を１年間運用したことになります。その過程でどれだけの利益をあげたでしょうか。まず，クーポンに表示されている５円の利子を受け取りました。このような実際に受け取る利子や配当などをインカム・ゲインと言います。しかし，この人の利益はこれだけではありません。90円で購

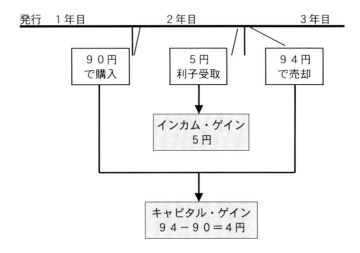

図3-2　インカム・ゲインとキャピタル・ゲイン

入した債券を94円で売却しているのですから，4円の儲けがあったことになります。このような債券や株式の価格の値上がりによって生じる利益をキャピタル・ゲインと言います。(値下がりした場合には，キャピタル・ロスと言います。)
債券を保有した場合の収益率（利回りと呼ばれることもあります）は，以下のようにして計算されます。

$$収益率＝\frac{（キャピタル・ゲイン＋インカム・ゲイン）}{最初の投資額}$$

上の例の場合を実際に計算すると

$$(94−90＋5)÷90＝0.1（＝10\%）$$

となります。現実の世界では収益率（利回り）の計算にはかなり複雑な要素を考慮しなければならない場合も多くあり，詳細は金融論などで学習してください。

アドバンス

　難しくなりますが，もう少し厳密な議論をしておきましょう。名目利子率を i とすると，現在1円借りた場合に，1年後に返す金額は $(1+i)$（円）となります。また，現在のお米1グラムの値段を P，1年間のお米の予想値上がり率を π とすると，1年後のお米の予想価格は $(1+\pi)P$ となります。したがって，現在1円で購入できるお米の量は $1/P$（グラム）であり，1年後に $(1+i)$（円）で購入できるお米の量は，$(1+i)/(1+\pi)P$（グラム）となります。現在と1年後を比較して，お米が何パーセント多く買えるようになったのかを以下のようにして計算することができます。

$$\frac{\dfrac{(1+i)}{(1+\pi)P} - \dfrac{1}{P}}{\dfrac{1}{P}} = \frac{(1+i)}{(1+\pi)} - 1$$

これがお米で測った実質利子率です。これを r と書くと，

$$(1+i) = (1+r)(1+\pi)$$

という関係を導くことができます。r や π が十分小さい値の場合には，近似的に

$$i = r + \pi \quad （または，\ r = i - \pi）$$

が成立します（フィッシャー方式と言います）。つまり，実質利子率は，名目利子率から予想価格上昇率を引いたものとして定義できるわけです。

（3）実質利子率と名目利子率

　利子率や収益率の概念を考える際にもう一つ重要な問題があります。それは実質利子率と名目利子率の区別の問題です。この問題はとくにマクロ経済学の視点からは重要なものです。もう1度この章の冒頭に挙げたお米の貸し借りをしている仮想例の話に戻ってください。仮想例はAさんがBさんにお米を1000グラム借り，1年後に1100グラム返すというものでした。現在お米の値段が1グラム当たり2円だとして，この貸借が金額で表示されていたらどうでしょうか。AさんがBさんに2000円借り，1年後に2200円返すという形式になります。Aさんは借りてきた2000円でお米を1000グラム買うことができ，Bさんは1年後に返してもらった2200円でお米を1100グラム買うことができるので，実質的には貸借がお米で表示されていても，金額で表示されていても差はありません。

しかし，これは1年後もお米の値段が2円であるということを前提としています。もし，AさんとBさんが1年後のお米の値段は4円になると予想していたらどうなるでしょうか。1年後に本当に4円になった場合には，1年後にBさんが2200円返してもらったのでは，Bさんはお米を550グラムしか買うことができません。お米が1年後には値上がりして1グラム当たり4円になってもBさんが1100グラムのお米を購入できるためには，4400円という金額を受け取らなければなりません。したがって，2人がお米の値段が2倍になると予想した場合には，貸借を金額で表示するときはこの分を考慮して，120パーセントの利子率になっています。この計算は以下のようにして行なわれました。

$$(4400-2000) \div 2000 = 1.2 = (120\%)$$

元本や利子が金額で表示（貨幣表示）されている場合の利子率を名目利子率と言います。これに対して，仮想例のような実物で測った利子率を実質利子率と言います。

　マクロ経済全体を考える場合，利子率をお米で測るわけにはいきませんから，GDPデフレータや消費者物価指数のような一般的な物価水準の上昇率（インフレ率）を用いて実質利子率を定義します。簡単に書くと

　　実質利子率＝名目利子率－予想インフレ率

ということになります。

3．現代の金融システム

　現代においては，金融の最も一般的な方式はおカネを貸したり借りたりすることです。第1節の仮想例に示されているような実物を貸したり借りたりすることはほとんど見られません。現在おカネが余っている人（資金余剰主体）から，現在おカネが不足している人（資金不足主体）に何らかのチャンネルでおカネが流れていきます。[3)] これを可能にしているのが現代の金融システムとい

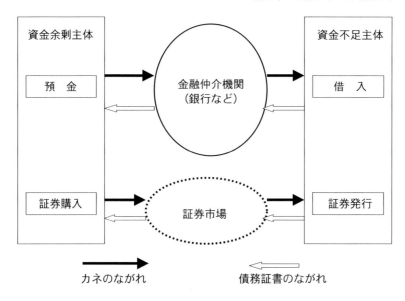

図3-3　フローからみた金融

うことになります。資金余剰主体から資金不足主体へのおカネの流れには，多様な金融の方式があります。概念的にはこの流れは大きく２つに分類することができます。一つは前節の仮想例のように，資金余剰主体から資金不足主体に直接的に資金が移動するもので，これを直接金融といいます。もう一つは，資金不足主体と資金余剰主体の間に何らかの機関が介在し，まず，資金不足主体とその機関の間に債権債務関係が成立し，さらにその機関と資金余剰主体の間にまったく別の債権債務関係が成立します。間に介在する機関を金融仲介機関と言い，このような流れを間接金融といいます。おカネの流れは債務証書の流れとは逆になります。やや解かりにくいので，間接金融について少し詳しくみていくことにします。

　例えば企業が銀行から貸し出しを受ける場合には，企業と銀行との間に債権

---

3)　所得や資産売却による収入から消費や資産購入による支出を差し引いた額が，プラスの値ならば資金余剰主体，マイナスの値ならば資金不足主体となります。そして，しばしば資金余剰主体は黒字主体と呼ばれ，資金不足主体は赤字主体と呼ばれることもあります。

いわゆるバブル崩壊後の日本経済では「不良債権」という言葉がキーワードになりました。債権が「不良」であるとはどういうことでしょうか。期限までに借りたおカネを返せなくなった場合や，返せないことが確実になった場合，または返せないおそれが非常に高い場合などを，不良債権と言います。したがって，不良債権の「不良」の度合いにはいくつかのレベルがあることが分かると思います。本来銀行は，十分な担保を確保することによって不良債権のリスクを緩和するものですが，1990年代以降の不動産価格の低落や，それに伴う市場の不活性化（土地などの買い手を容易に見つけられなくなってきた）などの要因により，土地などの担保があれば安全な貸出ということは言えなくなりました。このような状況のなかで，不良債権の増加が銀行の収益に深刻なダメージを及ぼしました。

債務関係が成立し，（銀行が債権者，企業が債務者となり），おカネが銀行から企業に渡されます。企業は定められた期限までに定められた利子を付けておカネを返さなければならない義務を負います。

　銀行は，人々から預金という形でおカネを集めます。預金は銀行にとっては債務であり，預金者は銀行に対する債権者ということになります。全体のおカネの流れで見ると，預金という形で銀行に集められたおカネが，貸出という形で企業などの資金不足主体に流れていきます。預金者は銀行を信用して銀行におカネを預けて（貸して）いるのであって，銀行がそのおカネをどのような相手に貸しているのかについては（銀行そのものを危うくするような場合を除いて）特に注意する必要はありません。これが間接金融の重要な特徴になっています。

　一方，直接金融の方は資金不足主体と資金余剰主体の間を直接つないでいるために，おカネを提供する側は，相手側の状態をつねに意識していなければなりません。例えば，ある会社の株式を購入した人は，その会社の業績に関して絶えず注目していなければなりません。個人で情報を収集することが困難な場合もありますが，本書の冒頭の「イントロダクション」で述べたように，証券市場の担い手である証券会社で資金運用に関するコンサルティングなどが行なわれることもよくあります。[4]

　ここまで見てきたような資金余剰主体から資金不足主体への資金の流れとい

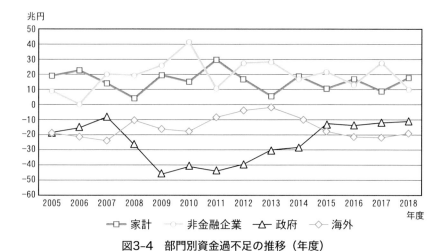

図3-4　部門別資金過不足の推移（年度）

出所：日本銀行時系列統計データ検索サイトより筆者作成
http://www.stat-search.boj.or.jp/index.html（2020.1.14）

う視点から金融を把握することは，フローの観点からみた金融の姿です。フロー
というのは，ある期間において何がどれくらい生じたかを数量的に記述するこ
とです。例えば，今年1年間所得が500万円ある人が，支出を600万円行なおう
とすると，100万円の資金不足が生じるということになります。不足分を借入な
どの方法でどこかから調達してこなければなりません。また，この人が支出を
300万円行なおうとしているのであれば，200万円の資金余剰が生じるというこ
とになります。この人はこの余剰分を預金などの方法で運用しようとするで
しょう。この例で述べられている金額はすべて「1年間で」という一定期間に
対して測られている数量ですから，フローの概念ということになります。
　現代の日本では実際の資金のフローはどのようになっているのでしょうか。
図3-4をながめてみてください。この図は家計や企業などの部門を日本全体で
それぞれ集計した場合に，各年度のそれぞれの部門の資金の過不足の状況を表

4）　実際には，企業の質に関する情報を補完するために，上場や格付けなどのさまざまな制度
　　上の工夫が行なわれています。

54

したものです。日本の資金の流れに関して，どのような特徴が読み取れるでしょうか。

　まず，家計部門から見ていきましょう。家計部門では，5兆円から30兆円くらいの幅で変動しながら資金余剰が続いています。一般に，家計部門は資金余剰ですが，日本では人口高齢化が進んでためこの余剰が大きく増えていくことは見込めません。なぜなら，高齢者は年金や資産取り崩しで生活をするケースが多いので，貯蓄をする傾向にある若年世代に対し高齢世代が増えていけば家計部門全体として資金余剰が増えていくとは考えにくいのです。

　非金融企業部門も家計部門と同様な大きさあるいはそれを上まわる資金余剰を年によっては示しています。一般に，企業は，設備投資を行う必要から資金不足となり借り入れを行ったりします。しかし，図にあるように，今日の日本では，儲かったお金を使用せず内部留保として企業が保有する傾向が強いため，非金融企業部門全体として資金余剰となっています。この理由として，今のところ設備投資計画が少ないが，将来，資金が必要な時に銀行借り入れに依存しないための今からの準備とも言えます。

　家計や企業といった民間部門に対し，政府部門は資金不足が続いています。特に，2010年前後はマイナス40兆円ぐらいでした。これは，2008年秋のリーマンショックによる影響で税収が減り同時に景気対策として支出が増えたことによるものです。資金不足になると政府は債券を発行しますがこれを公債と言います。さらに，公債の発行主体が国なら国債，地方自治体なら地方債となります。

　海外部門は，資金不足の状態である年がほとんどです。つまり，日本に対し海外が資金不足，逆に言うと，日本は海外に対し資金余剰という状態です。別の言い方をすると，日本が海外に対し金融資産を増加させているということになるのです。

　以上をまとめて見ると，家計と企業が余っている資金を政府と海外に貸すという構図になっています。

　ここでひとつ注意しておかなければならないことは，これは経済全体を集計した数字からみた結論であるということです。したがって，例えば企業部門が

資金余剰主体になったということは，すべての企業がおカネを借りなくなった
ということを意味しているわけではありません。個々の企業について見ると，
資金が不足している企業もあれば，資金が余っている企業もあります。また，
1年の間には，ひとつの企業をとってみても，新たに借入を行なったり，これ
までの借入を返済したりしています。

4．ストック面からみた金融（ポートフォリオ調整）

　ここまでの説明を読んで「おやっ？」と思う人があるかもしれません。「預金
や借入などを今年行なった場合には，来年になってもそのまま残っているじゃ
ないか。金融の問題はフローだけで考えてはいけないのではないか」と考える
人が多いと思います。ここに金融の第2の側面があります。資金余剰や資金不
足は，一定の期間でどれだけ資金が余っているか，どれだけ資金が足りないか
を表すものですから，確かにフローの概念だということができます。しかしそ
のために行なった預金や借入という金融取引の影響は，その期間だけで終わる
わけではありません。その期間にどれだけ預金が増えたかを考えるのはフロー
の考え方ですが，預金が増えた結果，例えば3月31日には総額いくらの預金を
持っているかというのは，もはやフローの観点ではありません。人々が総額い
くらの預金を持とうとしているか，というような問題を考えるためには，ストッ
クの視点からの検討が必要になります。ストックというのはある時点の残高と
して定められる数量のことです。例えば3月31日現在の預金残高とか，6月1
日現在で自分が保有している株式の総額などです。過去に資金が余っている人
がその期間ごとに預金を増やしていけば，現在の預金はそれらをすべて合計し
たものになっているはずです。このようにフローとストックには密接な関係が
あります。一般的な言い方をすれば，フローが蓄積した結果がストックに反映
されていると言うことができます。逆に考えるとストックの差額としてフロー
を捉えることもできます。1年中水を出したり入れたりしている水槽をイメー
ジしてみてください。数え切れないくらい水の出し入れを行なったとしても，

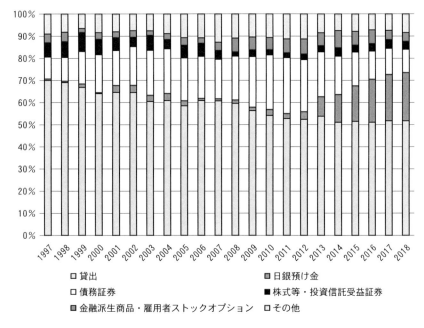

凡例：
□ 貸出　　　　　　　　　　　　　　　□ 日銀預け金
□ 債務証券　　　　　　　　　　　　　■ 株式等・投資信託受益証券
■ 金融派生商品・雇用者ストックオプション　　□ その他

図3-5　国内銀行の資産構成比（%）

出所：日本銀行ホームページ収録データより筆者作成
　　　http://www.stat-search.boj.or.jp/index.html（2020.1.6）

結局 1 年間でどれだけ水が増えたのか（減ったのか）を考えるために，最初と最後の差を測ればよいということになります。

　不足している資金をどのようにして調達してくるか，余っている資金をどのようにして運用するかという問題以外に，自分が持っている資産や負債をどのような構成にしておくべきかということがあります。これはストックの視点からの議論になります。

　図3-5は国内銀行の資産構成の内訳比の推移を示しています。これによると1997年では，銀行資産のうち約70%が貸出で占められていましたが，その後低下を続け，2014年以降はほぼ50%となっています。つまり，日本の民間銀行では，ほぼ半分の資産が貸出以外に向けられているということになります。これは，先ほどの図3-4において，企業部門が資金余剰となっていることと対応して

表3-1　家計部門の金融資産，負債の構成

（2019年３月末：単位：兆円，％）

資　　産			負　　債		
	金額	構成比		金額	構成比
現金・預金	979.6	52.8%	借入	307.5	16.6%
現金	92.6	5.0%	民間金融機関貸出	263.7	14.2%
流動性預金	453.7	24.5%	住宅貸付	186.6	10.1%
定期性預金	426.3	23.0%	消費者信用	32.2	1.7%
譲渡性預金	0.0	0.0%	企業・政府等向け	44.9	2.4%
外貨預金	7.0	0.4%	公的金融機関貸出金	38.7	2.1%
貸出	0.2	0.0%	うち住宅貸付	22.6	1.2%
非金融部門貸出金	0.2	0.0%	非金融部門貸出金	5.0	0.3%
債務証券	25.1	1.4%	割賦債権	0.1	0.0%
国債・財融債	13.3	0.7%	その他	16.9	0.9%
地方債	0.4	0.0%	②金融負債合計	324.4	17.5%
政府関係機関債	1.6	0.1%	③金融資産・負債差額	1,530.6	82.5%
金融債	0.0	0.0%	（＝①－②）		
事業債	5.8	0.3%			
信託受益権	4.1	0.2%			
債権流動化関連商品	0.0	0.0%			
株式等・投資信託受益証券	272.6	14.7%			
株式等	201.8	10.9%			
投資信託受益証券	70.8	3.8%			
保険・年金・定型保証	527.3	28.4%			
金融派生商品・雇用者ストックオプション	0.9	0.0%			
対外証券投資	20.2	1.1%			
その他	29.2	1.6%			
①金融資産合計	1,855.0	100.0%	④合計（＝②＋③）	1,855.0	100.0%

出所：日本銀行ホームページ『資金循環』より筆者作成
　　　http://www.boj.or.jp/statistics/sj/index.htm/ (2020.1.6)

おり，銀行が貸出先として，企業を相手にできなくなってきたことを反映しています。それでは，銀行は，失った貸出の機会をどのように補っているのでしょうか？　図3-5にあるように，国債に代表されるような債務証券保有が伸びてきました。これも，図3-4での政府部門での資金不足状態と一致しています。すなわち，銀行は，政府の借金証書である国債を購入し，その内訳を増やしてきたということです。さらに，2013年より債務証券が減って日銀預け金が増えて

います。これは，2013年より始まった大規模な金融緩和政策によって，日本銀行が民間銀行の債務証券を買い上げその代金を民間銀行名義の日銀当座預金口座[5] に振り込んだことによる変化です。つまり，大規模な金融緩和政策を行っても民間銀行の貸出は増えていないことがわかります。

　表3-1は，2018年度末に日本全体で家計部門の金融資産や負債がどのようになっているかを示したものです。家計部門全体で約1860兆円の金融資産と約320兆円の金融負債があり，それらがどのような形態で保有されているかが分かります。金融資産の中で最も多いのは現金・預金で，金融資産全体の52.8％を占めています。そして，流動性預金と定期性預金の保有割合は25％弱でほぼ同じで，両者を合計した残り5％が現金保有となっています。そのほかでは保険・年金・定型保証が金融資産全体の28％保有されているのが目につきます。証券や株式の保有比率は相対的にはそれほど大きくなく，両方を合計しても，16.1％（＝1.4％＋14.7％）にしか達しません。ストックで見ると家計の金融資産運用は圧倒的に間接金融ルートに依存していると言えます。

　財務省によると，国および地方政府の長期債務残高は，2018年度3月末（実績）で1098兆円とされています。表3-1によれば，家計の資産合計は，約1860兆円です。そのうち，国債や地方債などの政府関連の債券保有合計が約15兆円です。また，図3-5で見たように，民間銀行が国債などを保有しているので，家計の預金残高880兆円のうち，政府の債務にお金が充当されている面があります。これは，保険年金準備金も同様のことで，家計保有527.3兆円のうち政府債務を補っている面があります。したがって，単純に考えれば，家計が政府の債務を賄うことができるのは，家計の金融資産総額である1860兆円までということになります。しかし，実際問題としては，家計は現金など公債以外の形態で資産を保有しますので，家計の公債保有残高の上限は金融資産合計額より低いと言えます。

　資産全体をどのような形で保有しているかを示す資産の組み合わせのことをポートフォリオといいます。表3-1からわかるように，日本の家計のポートフォ

---

[5]　表4－2の当座預金がこれに該当します。

リオは，現金，預金，債券，株式，保険，年金などで構成されています。家計の資産の中では現金と預金（郵便貯金を含む）が半分以上を占め，次に多いのは保険や年金への運用であり，株式や証券などの保有比率は相対的にあまり高くはありません。金融負債に関しては，住宅関連の借入が圧倒的な比率を占めています。

　それでは人々は自分のポートフォリオをどのように決めているのでしょうか。現在保有している資産の総額は，自分の過去の余剰資金が積み重なった結果ですから，人々はそれを最も高い利益が上がるように運用したいと考えるはずです。これが収益性の観点です。収益性だけを考えてポートフォリオをつくればよいのであれば，人々はすべての資産を，最も利子率や収益率の高い金融商品に振り向けることになるでしょう。しかし，実際にはそのようなポートフォリオはつくりません。なぜでしょうか。例えばA会社の株式が最も高い収益率が見込まれるとしても，有り金残らずA会社の株につぎ込むことはありません。そんなことをすると万一A会社の株価が暴落した場合には，大損をしてしまうことになるからです。株式や債券などのように価格が変動する金融資産は，売却するときにいくらで売れるのか分からないという価格変動リスクがあります。6) 短期の債券などを満期まで保有していれば，決められた償還額がもらえるため，何の危険性（リスク）もないと考えてよいのでしょうか。社債を発行している会社が倒産してしまった場合は，満期まで保有していても定められた償還額を入手できるとは限りません。このような危険性は債務不履行リスクといいます。預金は元本が保証されているという点で，株式や債券よりは安全です。しかし銀行が倒産してしまった場合には，預金は制度的には完全に保証されているわけではありません。7) したがってどんな金融資産も，程度の差はあっても，価格が変動したり債務者が破産したりする危険をはらんでいます。

---

6)　複数の株式を組み合わせて保有することによって，価格変動リスクを小さくすることができます。このため，株を保有する場合に，自分のポートフォリオにどのような会社の株をどのような比率で組み込むかは，企業の財務担当者の重要な関心事です。詳細については，ファイナンスなどの分野で学習してください。
7)　預金は預金保険制度によって保護されており，この制度には保険金支払限度額が定められています。

60

アドバンス

債券価格と債券利回り

　毎期毎期永久に１円ずつ利子がもらえる利付債を考えてみましょう。このような償還期限のない債券をコンソル債といいます。さて，この債券はいくらで取引されているでしょうか。実は，この債券の現在価値を理論的に求めることができます。利子率を r とすると，１年後の１円の割引現在価値は $1/(1+r)$ です。２年後の１円の割引現在価値は $1/(1+r)^2$ です。３年後の１円の割引現在価値は $1/(1+r)^3$ です。これらが永久に続きますが，それらを合計したものが，このコンソル債の現在価値です。これらを全部合計するといくらになるでしょうか。これは，数学的には初項が $1/(1+r)$，公比が $1/(1+r)$ の無限等比数列の和になっています。計算すると $1/r$ になります。この債券の債券価格を P とすると，$P=1/r$ という関係を導くことができます。債券価格は実際に観察することができますから，この式は永久に利子がもらえるような債券の利回りを定義したとみることもできます。通常の債券の場合には，利回りと価格の関係は，このような簡単な式にはなりませんが，利回りと債券価格が逆の動きをするということには変わりがありません。債券価格と債券の利回りはほぼ反比例の関係にあるということを記憶しておいてください。

（参考）　初項が a，公比が x である無限等比数列の和の求め方
（第４章の第４節に以下の手法にしたがった具体的な計算の例があります。）
$$S=a+ax+ax^2+ax^3+ax^4+\cdots,$$
$$xS=ax+ax^2+ax^3+ax^4+ax^5+\cdots,$$
　上の式から下の式を引くと $(1-x)S=a$ となります。結局，$S=a/(1-x)$ という公式を導くことができます。

　コンソル債の例にある数列の場合，a のところに $1/(1+r)$，x のところに $1/(1+r)$，S のところに P，をそれぞれ代入すると，$P=1/r$ を得ることができます。（読者のみなさんは実際に計算して，このことを確かめてみてください。）

ポートフォリオの構成を考えるときは，このような危険（リスク）をも考慮しなければならないわけです。一般的に言うと，企業や家計はどんな株を買ったらよいか，どんな債券を買ったらよいか，どこの銀行に預金したらよいかということを決めるときには，リスクと収益性のバランスを考えながら決定しています。
　ポートフォリオ全体の構成を考える場合には，もう一つ考慮しなければならないことがあります。株価が変動したり，相手が破産したりするようなリスク

は，自分の外側で生じる外的なリスクです。しかし，リスクの中には自分自身の身の上に生じる内的なものもあります。一部のリスクは保険によってカバーすることができますが，すべてのリスクが保険の対象になるわけではありません。保険の対象にならないような事態が生じて急におカネが必要になった場合には，現金やすぐに現金化できるような資産を保有していなければならないということになります。これがポートフォリオの構成を考える際の第3の要因である「流動性」という考え方です。もちろん現金や預金などは日常の取引を行なうために必要ですから，企業や家計が現金や預金をある程度保有しているのは当然です。流動性は現金にどの程度換わりやすいかという度合い（元本の安全性や現金化の時間などを総合的に勘案したもの）を表す尺度のことです。[8]流動性については次章で詳しく説明します。

本章のまとめ

1. 簡単な例を用いて，金融の原理や諸概念について学習しました。例えば，100万円借りた人が110万円返す場合，最初の100万円を元本といい，返済額と元本の差額を利子といいます。元本に対する利子の比率が利子率です。
2. 利子の付き方には，元本が毎期毎期利子を生み出すという単利と，利子が毎期毎期元本の中に組み込まれていく複利の2通りあります。また，流通市場で利付き債券を売却した場合の債券の収益率は，実際の利子の受け取り（インカム・ゲイン）と値上がりによる利益（キャピタル・ゲイン）の合計を，最初の投資額で割ったものとして求められます。また，金額で表示（貨幣表示）されている利子率を名目利子率と言い，名目利子率から予想インフレ率を引いたものを実質利子率と言います。
3. 資金が余っている主体（資金余剰主体）から資金が不足している主体（資金不足主体）に資金が流れるチャンネルは，直接金融と間接金融に大別されます。直接金融は両者を直接につなぐものであり，間接金融は両者の間に債務の内容を変換する金融機関が介在するものです。介在する金融機関を金融仲介機関と言います。
4. 保有している資産の（種類や金額などの）組み合わせをポートフォリオと言います。家計や企業はポートフォリオの決定を行なうために，それぞれの資産の収益率（収益性の観点）や危険度（リスクの観点），現金化の容易さ（流動性

---

[8] 「流動性」という言葉は，現金（または決済性を持った金融資産）に容易に変換できる金融資産そのもののことを指す場合もあります。

の観点）などに気を配っています。リスクには債券や株式のように価格が変動するリスク（価格変動リスク）と，債務者が倒産する危険性（債務不履行リスク）があります。

― ■その他のキーワード■ ―

粗利子率　元本と返済額の比率。粗利子率＝1＋利子率，という関係がある。
担保　債務不履行に備えて，債務者から債権者に提供されるもの。
利付債　利子を表示する半券が債券に付いているもの。
割引債　半券の行使によって利子を受け取るのではなく，額面より低い価格で発行されることによって，利子を償還時にまとめて受け取る債券。
発行市場　新規に株や債券を発行する際に売り手と買い手を結び付けている市場。
流通市場　既に発行されている株や債券を取引している市場。

《練習問題》

問1：ある人が国債を500万円で購入したとする。この人はその後A円の利子を受け取り，購入してからちょうど1年後に，520万円でこの国債を売却することができたものとする。以下の問いに答えなさい。

⑴　この人が1年間国債を保有することに伴う収益率をAの式であらわしなさい。

⑵　収益率が5パーセント以上となるためには，Aの値はいくら以上でなければならないか。

問2：以下の文章の　　　　　の中に適当な語句または数字を入れなさい。

利子率7パーセントで2人の人がお金の貸借をしているとする。この2人が物価水準が3パーセント上昇するインフレが起こることを予想しているとき，実質利子率は　①　パーセントとなる。2人の予想に反して，実際には5パーセントのインフレが生じた。このような予期しないインフレによって，得をしたのは，お金を　②　ている方であり，損をしたのはお金を　③　ている方であるといえる。

問3：A君が1000万円の資金を持っているとする。A君は，これを預金，国債，株式などでどのように運用しようか迷っていたとする。A君はどのようなことを考慮して，1000万円分の保有形態を決定すればよいか。以下の語句を用いて，400字程度で記述しなさい。

ポートフォリオ　　収益性　　リスク　　流動性

第4章

貨幣の奥深さに触れてみよう

　現代の経済システムは「貨幣経済」とも呼ばれ，貨幣はあらゆる経済活動の中で非常に重要な役割を担っています。今後みなさんが学んでいくことになるマクロ経済学の分野の中でも，貨幣は大変重要な位置を占めています。特に新聞などでときどき目にする「マネーストック」という言葉の理解は，現代の経済政策を理解する上で欠かせないものとなっています。また，貨幣そのものの概念は大変に奥の深いものであり，哲学や社会学などの多くの学問分野がテーマとしてとりあげています。深遠な世界の一端を覗いてみましょう。

本章で学習すること

1．貨幣とはどのようなものかを，貨幣が果たしている機能という側面から捉えていきます。
2．さまざまな資産が貨幣にどの程度近いかという尺度（流動性）を考え，それにもとづいて資産の分類を行ないます。その中でマネーストックと呼ばれる資産の範囲について学習します。
3．日本銀行の役割や金融政策の手段を学習し，マネタリーベースの概念がなぜ重要なのかについて，信用乗数の観点から検討していきます。
4．信用乗数の背後にあるメカニズムとしての信用創造のプロセスを，簡単な例を用いて理解することを試みます。

1．貨幣の役割

　経済活動はしばしばモノとカネの流れとして表現されます。経済学の言葉ではモノにあたるものが「財・サービス」であり，カネにあたるものが「貨幣」

です。貨幣というと紙幣や硬貨だけだと思いがちですが,「貨幣」というものは非常に漠然とした抽象的概念で,正確にこれを定義することは大変難しいものです。貨幣哲学や貨幣社会学などの分野もあり,貨幣という概念は非常に奥の深いものです。ここでは,このような深遠な世界に正面から立ち入ることはせずに,貨幣が果たしている経済的な機能や役割は何かという観点からのアプローチを試みることにしたいと思います。このようなアプローチは,みなさんがマクロ経済学などを学ぶ上で,必要最小限の知識を提供することになると思われるからです。

経済活動の中で貨幣が果たしている役割は,大きく分けると,価値の尺度,交換の媒介,価値の貯蔵,の3つです。以下でこれらについて簡単にみていきましょう。

(1) 価値の尺度 (計算単位)

私たちは,長さを測るとき共通の単位としてメートルやキロメートルなどの単位を用いています。もちろん歩幅10歩分とか大人が5人手をつないだ長さなどの測り方も可能です。しかし,これらは人によってイメージが異なり,すべての人が正確に同じ長さを想像することができません。このため共通の単位で長さを表現することが便利だということになります。こうして,基本になる長さを定め(これを1メートルと呼び),すべての長さを,その基本になる長さの何倍かという方法で表示することを考えたわけです。

経済活動に関しても同じようなことが言えます。現在,日本では,売買や貸借などのほとんどの経済活動が「125万円」というように「円」という単位で表示されています。これは「円」を共通の単位として経済活動が行われているということになります。円は日本銀行が発行している日本銀行券によって,基本になる単位が定められています。つまり,2万円というのは,「1万円」と表記された日本銀行券2枚分ということになるわけです。このような価値の物差しがなければ経済活動を迅速に行うことができなくなります。貨幣に限らず「単位」というものは人類の偉大な発明の一つだといっても過言ではないと思いま

す。

　現代では，経済活動で何を表示単位とするかは国家によって定められているのが普通です。しかし，国家は何を単位として定めてもよいというわけではありません。社会的に信認されたものでなければ価値の尺度として使用することはできません。このことは次の「交換の媒介」としての貨幣の役割と密接な関係があります。

（2）交換の媒介（支払手段）

　次のような仮想的な状況を考えてみましょう。A，B，Cの3人の人がいたとします。Aは肉を生産し，Bは魚を，Cは野菜を生産していたとします。さて，このときAは魚が欲しいと思い，Bは野菜を欲しがり，Cは肉が欲しいと思ったとしましょう。まず，AとBが出会ったとしましょう。AはBが持っている魚が欲しいわけですから，「その魚を私が持っている肉と交換してくれないか」という申し込みをすることになるでしょう。しかし，Bが欲しいのは肉ではなくて野菜ですから，BはAの申し出を断ることになります。みなさんは，AとCが出会っても，BとCが出会っても，このような物々交換の交渉はうまくいかないことを確認することができるでしょう。

　一般に物々交換が成立するためには，自分が持っているものを相手が欲しがり，相手が持っているものを自分が欲しいと思っている必要があります。これを「欲求の2重の一致」と呼びます。このような不便さを解消する方法が2つあります。上で挙げた例でいうと，A，B，Cの3人が一同に集まり，それぞれの持っているものと欲しいものを一斉に言い合う方法です。もう一つは，どんなものとでも交換できるものをあらかじめ合意しておくことです。経済活動の規模が大きくなっていくと，前者の方法は非現実的ですから，人々は後者の方法を選択することになります。例えば，ある特定の貝殻を支払手段として使用することに人々が合意したとしましょう。上の例では，Aは貝殻を持ってきたCに肉をわたし，さらにその貝殻をBのところに持って行って魚を手に入れるということになります。このようにあるXというものをYというものと交換する

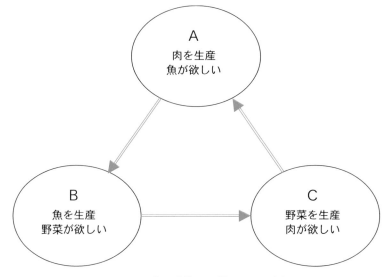

図4-1　物々交換の困難さを示す例

　場合に，まず X を Z と交換し，さらに Z を Y と交換するというやり方を間接交換といいます。間接交換で間に入っているものを交換手段と言い，交換手段が果たしている機能を交換の媒介といいます。上の例では貝殻という交換手段が交換の媒介機能を果たしています。これによって，取引が格段に効率的になったことがおわかりいただけると思います。このときに重要なことは，貝殻を交換手段として使用するという合意の確かさ，すなわち他の人も貝殻を受け取ってくれるという信頼です。これを貨幣の社会的信認と呼びます。このような社会的信認によって支えられた交換手段（上の例では貝殻）は一般的受容可能性を有しているといいます。

　それでは，どのような物が交換手段として適しているのでしょうか。重要なことは時間とともに状態があまり変化しないことです。すぐに腐ってしまったり壊れてしまったりするものでは交換手段にはなり得ません。このことから，貨幣には価値の貯蔵という第 3 の機能があることになります。

（3）価値の貯蔵（富の貯蔵）

　上で述べたように，一般に交換手段としての貨幣は，富を蓄えておくには大変好都合です。いつでも他の人がどんな物とでも交換してくれるからです。しかしながら，貨幣とその他の物との交換比率（価格）が値上がりしているとき（これを**インフレーション**といいます。）には，貨幣で富を貯蔵することは必ずしも適当ではありません。インフレーションは，貨幣の価値が低下することですから，とくに，激しいインフレーション（**ハイパーインフレーション**）の際には，人々は貴金属，不動産，耐久消費財などで富を蓄えようとするでしょう。例えば次のような例をイメージしてみてください。ある日1000円でパンが10個買えたとします。（このときパンの価格は100円です。）次の日，パンの価格が200円になり，1000円を支払ってもパンは5個しか買えなくなったとします。このことは1000円の価値が（パンに対して）低下したことを意味しています。すべての物の価格が値上がりするような状況が続くと，人々は貴金属などの貨幣以外の物で富を蓄えておくようになります。貨幣は富の貯蔵という機能を失ったことになります。さらにインフレが激しさを増してくると，誰も貨幣を受け取らなくなり，お酒やタバコなどの耐久性のある嗜好品が交換手段として利用されたりすることが，歴史的に確認されています。すなわち，貨幣は交換の媒介という機能をも消失してしまいます。ハイパーインフレーションは貨幣経済の大敵であり，経済政策などを考える際にも，ハイパーインフレーションを起こすことがないようにという配慮は最大限になされなければならないものです。

　ここまで，貨幣の3つの機能を概観してきましたが，抽象的な貨幣の定義としては「貨幣とは貨幣の機能を果たすもの（Money is what money does.）」ということになります。しかし，これらの機能は並列的に並んでいるわけではありません。価値の尺度や価値の貯蔵という機能は，交換の媒介という機能から派生してくるものです。もう少し詳しくいうと，交換手段の一般的受領可能性を支えている社会的信認は，同時に価値の尺度や価値の貯蔵という機能も支えているということです。したがって，支払手段として広く受領されるという事実

を創り出した社会的信認が貨幣概念の中心にあるということになります。このような社会的信認こそが，その根拠や本質をめぐって多くの哲学者，社会学者，歴史学者，民俗学者，文化人類学者，などが論争を続けている対象であるわけです。「貨幣」はどこまでいっても奥の深いものだと感じさせる神秘的な要素を持っているのかもしれません。[1]

2．流動性とマネーストック

　前節で「貨幣とは貨幣の機能を果たすもの（Money is what money does.）」と述べましたが，現代においては，何を貨幣と呼べばよいでしょうか。厳密な意味で貨幣の3つの機能をすべて果たしているのは，日本銀行券（および硬貨）すなわち現金です。現金は現金通貨と呼ばれることもあります。しかし，交換手段となっているものは現金通貨だけでしょうか。私たちは公共料金の支払や買い物などの支払に際して，預金の振り替え（クレジットカードなどを利用する場合もこれにあたります）などによって支払を行うことがあります。つまり，普通預金や当座預金などの口座振替ができる銀行預金（要求払預金と呼ばれます）も交換の媒介としての貨幣の機能を果たしているということができます。前述したように交換の媒介という機能が貨幣の中心概念であるとすると，要求払預金も貨幣に含めるのが適当であるということになります。要求払預金は預金通貨と呼ばれることもあります。現代においては現金通貨と預金通貨の2つを貨幣と呼ぶのが適切であると考えられます。

　富の貯蔵という観点から見ると，多くの金融資産や不動産，貴金属などが富の貯蔵という機能を果たすことができます。このような富の貯蔵の機能を果たすものを，「どのくらい貨幣に近いか」という観点から分類してみることを考えてみましょう。「貨幣度」がどれくらいあるかという言い方もできるかもしれま

---

[1]　日本銀行貨幣博物館のサイトでは，日本の貨幣の歴史について様々な貨幣を写真も含めて見ることができます。
　　https://www.imes.boj.or.jp/cm/history/

せん。貨幣の 3 つの機能をすべて果たしているのは現代では現金通貨ですから，現金通貨にどれくらい近いかという基準がもっとも適切なものだと考えられます。このような基準を「流動性」といいます。しかし，「どのくらい近いか」というのは非常に抽象的であいまいな概念ですから，具体的な項目を考えなければなりません。そこで，流動性の構成要素として 2 つの要素を取り上げてみましょう。第 1 は「安全性」です。例えばなんらかの金融資産を保有することによって，本人は100万円分の富を貯蔵しているつもりでも，それを現金化しようとすると80万円にしかならなかったということが起こるとすると，富の貯蔵手段として十分な機能を果たしているとはいえません。したがって元本の安全性というものが流動性の重要な構成要素であると考えられます。第 2 は，「取引コスト」です。保有している資産を現金に変換しようとするときに，長い時間がかかったり，多額の手数料が必要であったりすると，必要が生じて使おうと思ったときに，なかなか現金に変換できずに使えないということが生じてしまいます。このような取引に伴う金銭的なコストや時間的なコストを総称して取引コストと呼びますが，これも流動性の重要な要素になります。

　次に，流動性の観点からさまざまな資産を実際に分類してみましょう。まず，現金通貨は 3 つの貨幣の機能をすべて兼ね備えたものですから最大の流動性を持つものです。また，預金通貨と呼ばれる要求払預金（当座預金，普通預金，通知預金，貯蓄預金，納税準備預金など）は支払手段としての機能を有していますので，非常に流動性の高いものといえます。現金通貨と預金通貨を合わせたものを M1（エムワン）と呼んでいます。次に銀行等の定期預金などは，通常は普通預金とリンクしており，それほど取引コストがかからずに現金化することができます。また，銀行が発行している預金で，そのまま他人に譲渡することができる譲渡性預金（CD）というものもあります。M1 と銀行等の定期預金と譲渡性預金を合わせて，M3（エムスリー）と呼んでいます。「銀行等」の中には，狭義の銀行（国内銀行，在日外銀，信用金庫，しんきん中金，農林中金，商工中金）だけでなくそれ以外の金融機関（たとえば，ゆうちょ銀行，信用組合，労働金庫，農協など）も含まれます。M3 の中で，狭義の銀行だけに限ったものを特別に M2（エムツー）と呼びます。これは2008年以前にわが国で重視さ

表4-1　流動性の観点からの資産の分類

資産の種類	2019年12月の平均残高（単位：兆円）	資産の分類				
現金通貨　（日本銀行券＋硬貨）	104.3	M1 818.0		M3 1377.5	広義流動性 1833.6	富の貯蔵機能をもつすべての資産
預金通貨　（銀行等の要求払預金）(＊)	713.7					
準通貨　（銀行等の定期預金）	529.9					
CD　　　（銀行等の譲渡性預金）	29.6					
ゆうちょ銀行，信用組合，労働金庫などを除いたもの(＊＊)	1041.6		M2			
金銭の信託，投資信託，金融債，国債 金融機関発行 CP，外債など	456.1					
社債，株式，不動産，貴金属，美術品など						

（＊）　表中の「銀行等」は，国内の全預金取扱機関を指します。
（＊＊）　除かれる機関は，上記の他に，農業協同組合，漁業協同組合などがあり，2008年以前の M2＋CD のデータとの整合性を保つために作成されています。
出所：表中の数字は，日本銀行ホームページ　収録データより著者作成
　　　http://www.boj.or.jp/statistics/money/ms/ms1912.pdf (2020.1.15)

れていた統計指標（M2＋CD）です。

　M3 に含まれない金融資産もたくさんあります。その中で比較的安全性の高い国債や金融債などと，M3 を合計したものを広義流動性と呼ぶこともあります。さらに社債，株式，不動産なども富の貯蔵手段としての機能を有していますから，それらを流動性の高い順番に並べることが可能です。(現金を先頭にして，流動性の尺度によって並べられた資産の系列を流動性スペクトルと呼ぶこともあります。) 以上の議論を表4-1にまとめておきます。

　ところで，市中に供給されている貨幣量としてマネーストックという統計データが日本銀行から公表されています。マネーストックは，政府，中央銀行および民間銀行（通貨発行主体）が供給し，家計や企業などのそれ以外の主体(通貨保有主体)が保有している貨幣(または貨幣に非常に近いとみなせる資産)のことを指します。流動性スペクトルのどこから上を貨幣に非常に近いとみなしてよいかということに対応して区分けされたものが，マネーストック概念と

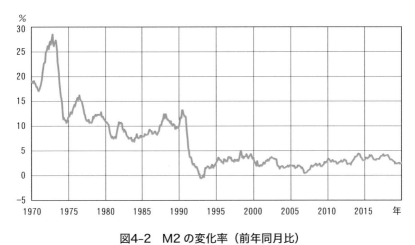

図4-2　M2 の変化率（前年同月比）

注　2004年 4 月以降はマネーストックの M2の変化率であり，2004年 3 月以前はマネーサプライの M2
　　＋CD のデータを使用して変化率を接続している。両者はほぼ同様の概念である。
出所：日本銀行ホームページ収録データより筆者作成
　　　http://www.stat-search.boj.or.jp/index.html (2020.1.14)

しての，M1，M3 ということになります。図4-2に，過去の統計（M2＋CD）と
の接続を考慮して日本の M2 の伸び率の推移が示してあります。

　マネーストックの動きは景気変動と密接な関係があります。図4-2は，日本の
マネーストックの動きを前年同月比（％）で示したものです。ここで，

$$当該月の前年同月比（\%）=\frac{当該月の数値-1 年前の同月の数値}{1 年前の同月の数値}\times100$$

で示しています。図を見ると，1973年に M2 は30％近い伸び率を示しています。
これは，ちょうど第 1 次石油ショックの前後で，日本経済が激しいインフレー
ションに見舞われた時期です。その後しばらくの間は10％前後の伸び率が続い
ていましたが，1992年から93年にかけてマイナスの伸び率を示しています。こ
の年はちょうどバブルの崩壊時にあたり，日本の景気が急速に悪化していった
時期です。その後，M2の伸び率は 5 ％を超えることはほとんどなく今日に至っ
ています。

3．日本銀行の役割とマネタリーベース（ハイパワードマネー）

　マネーストックのほかにマネタリーベースという統計データが日本銀行から公表されていますが，このデータも経済学的には非常に重要なものです。マネタリーベースはハイパワードマネーとも呼ばれています。マネタリーベースが経済全体とどのような関わりを持っているかを理解するためには，まず中央銀行の果たしている役割を理解する必要があります。日本銀行はどのような役割を果たしているのでしょうか。

（1）日本銀行の機能

　日本銀行は日本銀行法により定められた認可法人で日本の唯一の中央銀行です。この法律により，政府からは独立した立場であり，官公庁のような政府機関でもなく，また，一般企業のような株式会社でもありません。しかしながら，表4-2の資本金の55％は政府からの出資，残り45％は民間からの出資となっています。そして，日本銀行の出資証券は，東京証券取引所が運営するJASDAQ（ジャスダック）市場の上場銘柄となっています。また，日本銀行には，最高意思決定機関として政策委員会が置かれており，ここで，金融政策の方針が決定されます。政策委員は，総裁1名，副総裁2名，審議委員6名の計9名で構成されています。[2]

　日本銀行が果たしている役割は，大きく分けると3つあります。第1は「発券銀行」としての役割です。日本銀行は日本銀行券（日本銀行にとっては債務証書の一種）を発行することによって，現金通貨の量を調節していることです。いわば経済の血液を作り出しているということができます。第2の機能は「銀行の銀行」としての役割です。日本銀行は，民間の銀行から預金を受け入れた

[2]　詳しくは，『日本銀行の概要』
（http://www.boj.or.jp/about/outline/index.htm/）を参照。

表4-2　日本銀行の資産と負債の構成

(2020年1月10日現在，単位：10億円，％)

資　産			負債および純資産		
	金額	構成比 （％）		金額	構成比 （％）
金地金	441.3	0.1	発行銀行券	110,587.9	19.3
現　金	177.7	0.0	当座預金	396,561.2	69.2
国　債	481,562.2	84.0	その他預金	29,605.6	5.2
コマーシャル・ペーパー等	2,138.7	0.4	政府預金	24,559.3	4.3
社　債	3,190.8	0.6	売現先勘定	32.4	0.0
金銭の信託 （信託財産株式）	770.4	0.1	雑勘定	2,498.8	0.4
金銭の信託 （信託財産指数連動 型上場投資信託）	28,264.7	4.9	引当金勘定	6,132.2	1.1
			資本金	0.1	0.0
金銭の信託 （信託財産不動産投 資信託）	554.0	0.1	準備金	3,252.0	0.6
貸付金	48,659.0	8.5			
外国為替	6,719.8	1.2			
代理店勘定	10.6	0.0			
雑勘定	740.4	0.1			
合　計	573,229.5	100.0	合　計	573,229.5	100.0

出所：日本銀行ホームページ『営業毎旬報告』より筆者作成
　　　http://www.boj.or.jp/statistics/boj/other/acmai/release/2020/ac200110.htm/（2020.01.18）

り，民間の銀行に貸出を行ったりしています。民間銀行は日本銀行に持っている預金口座を通じて銀行同士の決済を行なったり，日本銀行から資金を借りることによって一時的な資金不足に対応したりしているわけです。第３の機能は「政府の銀行」としての役割です。日本政府は日本銀行に預金口座を持っていますが，日本銀行は国庫金の出納事務や国債の発行事務を行うほか，国債の購入や売却などを通じて金融市場の調節などを行っています。

　このような日本銀行の機能を理解するためには，まず，日本銀行の資産と負債の構成要素を知る必要があります。表4-2は日本銀行のバランスシートを示

したものです。

　まず，先ほど述べた日本銀行の第1の役割である銀行券の発行は，日本銀行の負債の中の発行銀行券としてその残高が記載されています。第2の役割のうち貸出は資産の貸付金に計上され，決済は，民間銀行が日本銀行に預けているお金，すなわち，日本銀行の当座預金を通じて行われます。当座預金残高は負債側に計上されています。第3の機能である政府の銀行としての政府預金は，負債側に記載されています。このように，日本銀行はバランスシートを通じて民間銀行や政府との関係を保ち，その機能を果たしています。

（2）金融政策の手段

　日本銀行が，そのバランスシートの構成や大きさを変えることによって，金融市場や経済全体に影響を及ぼします。したがって，このバランスシートの変更そのものが金融政策の手段と言えます。以下では，金融政策の手段についてみていきましょう。

①貸出

　マネーストックを変動させるには，まず，民間銀行が自由に使えるお金を変動させる必要があります。その直接的な方法としては，日本銀行が民間銀行に資金の貸出を行うことです。これは，民間銀行が日本銀行に差し出した担保を裏付けとして行われますが，担保の対象は，日本銀行が適格と定められたものに限られます。

　日本銀行が民間銀行に対して資金を貸し出す際の基準金利のことを基準貸付利率といいます。この金利はかつて公定歩合と呼ばれ，その変更は金利市場に大きな影響を与えたので金融政策の主要な手段でした。しかし，2000年前後に大きな制度変更が行われ，現在では，コールレート（銀行間短期資金貸出金利）の上限を設定する役割を担っています。公定歩合という呼び方は人々の間で長く定着してきましたが，2006年7月18日付の日本経済新聞朝刊では，当時の日銀総裁である福井俊彦氏が「公定歩合という呼び方を『お蔵入りさせたい』」と

発言しています。

　なお，基準貸付利率は，日本銀行貸出の上限金利ですので，実際には共通担保資金供給オペレーションによる入札方式を通してより低い金利で日本銀行から貸し出されています。表4-2によれば，貸出（貸付）金は日本銀行の資産の8.5％となっています。

②公開市場操作（オペレーション）

　マネーストックを変動させる手段として，民間銀行との間で証券を売買する公開市場操作（オペレーション）と言う方法もあります。例えば，日本銀行が国債10兆円分を民間銀行から購入したとすれば，日本銀行のバランスシートの資産側で国債10兆円分が増加し，それと同時に，民間銀行に支払った代金10兆円分として，負債側の当座預金が10兆円増加します。民間銀行としては，準備率によって定められた一定金額を日銀当座預金に残しておけばいいので，その超過分は取り崩して民間企業へ貸し出すことができます。こうして，民間銀行の民間企業への貸出が増えれば，経済活動全体を活発化させ，結局は，マネーストックを増加させることができます。表4-2で日本銀行の資産を見ると，約482兆円の国債を保有しており，日本銀行の資産の84％を占めています。したがって，現在では，貸出より公開市場操作の方が主要な金融政策の手段と言えます。また，この国債保有額約482兆円は日本のGDP（2018年度の約548兆円）の88％の水準に至っており，これは，2013年３月に日本銀行総裁に就任した黒田東彦（くろだはるひこ）氏が同年４月４日に公表した量的・質的金融緩和政策の結果であると言えます。

　さらに，外国為替市場に介入することによって，日銀当座預金は変動します。例えば，対外資産であるドルを日本銀行が購入すると，誰かに対価が支払われますから，日本銀行の貸借対照表では，対外資産，当座預金ともに増加します。もし，外国為替市場でのドル買いがマネーストックを増加させる目的で行われていないならば，日本銀行は国債などを売却することによって当座預金を一定に保つことも可能です。このような政策を不胎化政策といいます。

76

③準備率操作

　民間銀行は，預金の一定割合を日本銀行に預けることが義務付けられていますが（これを法定準備率といいます），この率を操作することによって民間銀行の行動を変化させることができます。ただし，準備率の変更は，1991年11月16日を直近としてこれまで行われていません。つまり，準備率操作は日本銀行にとって金融政策の常用的な手段とは言えません。むしろ，公開市場操作を円滑に行うための枠組みとして準備率制度が機能しています。[3]

（3）ハイパワードマネー（マネタリーベース）

　家計や企業から預金を受け入れている銀行は，いつでもある程度の預金の払戻しに応じられるようにしていなければなりません。そのために銀行は現金や当座預金などの非常に流動性の高い資産を保有していなければなりません。これを銀行準備と言います。銀行準備には，市中銀行が日本銀行に保有する当座預金（預金準備＝日本銀行預け金）と，市中銀行が自分の銀行の内部（金庫や現金引出機の中など）に保有する現金（手元現金）の2つの形態があります。民間金融機関から日本銀行に預けられた当座預金と発行されている現金残高（日本銀行券と政府発行の硬貨）の合計をハイパワードマネー（マネタリーベースまたはベースマネー）と言います。以下ではこれがなぜ重要な概念なのかを見てみることにしましょう。

　マネタリーベースの量を H という記号で表し，銀行準備を R，市中に流通している（家計や企業などが保有している）現金の量を C という記号で表すと，

$$H = C + R \qquad (4-1)$$

という式になります。（R の中には，民間銀行が保有している現金が含まれていることに注意してください。）

　ところで，M1やM3などのマネーストックを大雑把にとらえると，マネース

---

[3]　白川方明『現代の金融政策－理論と実際』（2008年，日本経済新聞出版社）7-5節参照。

トックは企業や家計などが保有している現金と預金の合計とみることができます。(預金の範囲をどこまで広げるかに応じて，M1, M2, M3 などに区分されているわけです。) マネーストックを M，民間銀行の預金量を D で表すと，

$$M = C + D \qquad\qquad (4-2)$$

という式になります。[4] （4－2）式と（4－1）式の比率をとると

$$\frac{M}{H} = \frac{C+D}{C+R} \qquad\qquad (4-3)$$

という式が得られます。銀行準備 R は民間銀行が預金の払戻しの準備等として保有しているものですから，民間銀行の預金量 D に比べてずっと少ないものです。したがって，（4－3）式の右辺は1よりも大きな数になります。（4－3）式の右辺を m と書くことにすると，(4－3)式は次のように書き直すことができます。

$$M = mH \quad (m > 1) \qquad\qquad (4-4)$$

m が一定ならば，日本銀行が先に述べたような金融政策によってマネタリーベース H を変動させた場合には，マネーストック M は，($m > 1$ だから) その何倍かの変動をすることになります。例えば m の値が5であるとすると，日本銀行がマネタリーベースを1兆円増加させたとすると，マネーストックは5兆円増加することになります。ここにマネタリーベース H の重要性があります。(4－4）式の m は貨幣乗数（または信用乗数）と呼ばれており，その値が安定的であるのかどうかは経済分析の重要なテーマになっています。それでは，どのようなメカニズムによって，マネタリーベースの増加はその何倍ものマネーサプライを生み出すのでしょうか。以下でこのメカニズムについて考えてみましょう。

---

[4] 預金 D の範囲を要求払い預金だけだとすると，M は M1 のことを指し，D が定期預金まで含むとすると，M は M3 のことを指すということになります。

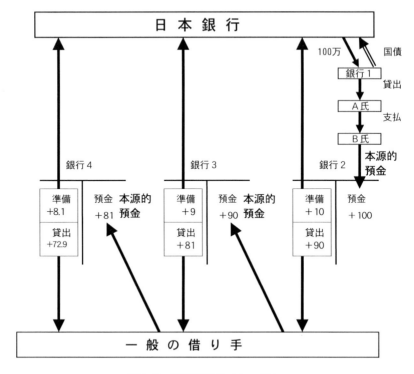

図4-3　信用創造のメカニズム

4．信用創造のメカニズム

　マネタリーベースとマネーサプライの関係を考えるために，以下のような簡
単化された例をとりあげてみましょう。人々は現在現金と預金をある比率で保
有しているものとしますが，その後追加された貨幣についてはすべて預金して
しまうと仮定します。また，銀行は預金の10パーセントを日本銀行に準備預金
として預け入れなければならないものと仮定します。銀行は手元に現金はまっ
たく保有しないものとします。さて，このような状況で，銀行1が日本銀行に
国債を100万円で売却したとしましょう。つまり，日本銀行は国債の買入れに
よって，マネタリーベースを100万円分増加させたことになります。そして，銀

行 1 は，国債の売却によって得た100万円を A 氏に貸し出したとします。A 氏は，ある取引のために，この100万円を B 氏に支払ったとします。仮定によって，B 氏はその代金100万円をただちに銀行 2 の自分の預金口座に預金することになります。この後どのようなことが進行していくでしょうか。

　まず，B 氏が100万円の預金をすることによって，日本銀行が増加させた100万円分のマネタリーベースはそれと同額の預金を発生させたことになります。このように，銀行にとって外部から新たに行われた預金を本源的預金と言います。B 氏が新しく預金したことによって，銀行 2 は，その預金の10パーセントの10万円を日本銀行に準備預金として預け入れることになります。残りの90万円は C 氏に貸し出したとします。貸出をした銀行 2 は，C 氏のために同額の預金口座を創設します。このように貸出に伴って同時に生じる預金を派生的預金と呼びます。しかし，C 氏は借入額90万円で取引業者 D 氏に支払いを行います。仮定によりそのお金を受け取った D 氏は90万円を自分の取引銀行である銀行 3 に預金することになります。この90万円は銀行 3 が自らの貸出で派生的に生じた預金ではなく，顧客からの本源的預金として受け入れます。[5]　90万円分の本源的預金を受け入れた銀行 3 は，9 万円を日本銀行に準備預金として預け入れ，残りの81万円分の貸出などを行うでしょう。この81万円は，再びどこかの銀行（銀行 4 ）に預金されるわけです。このようにして，次々に銀行にとって新しい本源的預金が生み出されていきます。

　それでは，最初に日本銀行が増加させた100万円分のマネタリーベースは，最終的にはどれだけの預金を生み出したことになるでしょうか。それは，この本源的預金の合計額として，

$$100 + 90 + 81 + 72.9 + \cdots \qquad\qquad (4-5)$$

という式で求められます。この式の値はいくらでしょうか。これは数学的には，初項が100，公比が0.9の無限等比級数として求めることができます。次のような

---

[5]　本源的預金と派生的預金の区別については，館龍一郎・浜田宏一『金融』（1972年，岩波書店）7.1節参照。

アドバンス

信用乗数の安定性とマネーストックのコントローラビリティ

$C/D=h$, $R/D=v$ とおくと，信用乗数の値は次のように表すことができます。

$$m=(h+1)/(h+v)$$

ここで h は公衆が現金と預金をどのような比率で保有するか（現金預金比率）を表しています。また，簡単化のため銀行は日本銀行預け金だけを銀行準備として保有し，手元に現金を保有していないものとすると，v は民間銀行が日本銀行に預けている預金準備と，民間銀行に預けられている預金の比率（預金準備率）を表します。さて，現金預金比率 h や預金準備率 v が変化した場合に，信用乗数はどのような影響を受けるでしょうか。v が上昇した場合には分母が大きくなるわけですから，m は小さくなることが式から容易にわかります。h の変化についてはどうでしょうか。h が大きくなるということは，人々が預金に対して現金をより多く持とうとすることを意味します。信用創造のメカニズムを思い出してみてください。人々が預金をせずに現金を持とうとすると，銀行システムの中を転々として生み出されていく本源的預金が少なくなってしまうことが理解できると思います。したがって，h が上昇すると m の値は小さくなります。（数式による証明は，読者のみなさんにおまかせします。）

　ここで，重要なことは信用乗数の値は，人々の行動パターンが変わると，それに伴って変動するということです。v の値は日本銀行に預け入れられている金額に依存しますので，かなりの程度日本銀行がコントロールすることが可能です。したがって，h の値が安定していれば，信用乗数の値も安定していることになり，$M=mH$ という式から明らかなように，日本銀行はマネタリーベース H の大きさを完全にコントロールすれば，マネーサプライも完全にコントロールできるということになります。信用乗数の値が安定的であるのかどうかについては，さまざまな見解がありますが，現在のマクロ経済学の理論モデルの多くが，マネーストックは中央銀行によってコントロールできることを仮定してつくられています。

手順で簡単に求めることができます。（この求め方は，第3章のアドバンスに一般的な形で書かれていますので，参照してください。）まず，（4－5）式の値をSと置いてみます。

$$S=100+90+81+72.9+\cdots \tag{4-6}$$

次にSの0.9倍をつくってみます。

$$0.9S＝90＋81＋72.9＋65.61＋\cdots \qquad\qquad (4-7)$$

そして，（４－６）式から（４－７）式を辺々引いてみると，

$$0.1S＝100 \qquad\qquad\qquad (4-8)$$

のようになります。（４－６）式も（４－７）式も，たし算の項は無限に続くものですから，どこまでいっても相殺されて，結局最後に残るのは最初の100だけということになるわけです。したがって，（４－８）式を解くと，Sの値は1000ということになります。つまり，100万円のマネタリーベースの増加は，その10倍の預金を創出したといえます。このように本源的預金が銀行システムの中を転々とすることによって，銀行システム全体としてはその何倍もの預金を生み出していくというメカニズムのことを，信用創造といいます。信用創造のメカニズムがあるからこそ，マネタリーベースはマネーストックの根源として重要な意義を有しているといえるわけです。

> ### 本章のまとめ
>
> 1．貨幣の機能としては，価値の尺度，交換の媒介，富の貯蔵，の３つがあります。
> 2．安全性と取引コストに注目して，「どれくらい貨幣に近いか」という尺度を考えたものが流動性です。流動性の概念にしたがって，M1（現金＋要求払預金），M3（M1＋定期性預金＋CD），などのマネーストック概念がつくられ，統計データとして公表されています。
> 3．日本銀行のバランスシートの構造を参照しながらさまざまな金融政策の手段の整理を行いました。この中で，預金準備と発券残高を合計したマネタリーベース（ハイパワードマネー）の意味は重要です。マネタリーベースはその何倍かのマネーストックを生み出すことができますが，そのときの倍数を信用乗数といいます。
> 4．マネタリーベースの増加による本源的預金は，銀行システムの中を転々と（貸出→預金→貸出→）することによって，銀行システム全体としてはその何倍もの預金を生み出していきます。このようなメカニズムのことを，信用創造といいます。

82

■その他のキーワード■

日本銀行当座預金　民間銀行が日本銀行に預けているお金で，日本銀行と民間銀行との決済だけでなく，民間銀行間の決済機能も果たしている。

準備率　民間銀行が義務として日本銀行に預け入れるお金の民間銀行預金に対する下限の比率。

公開市場操作(オペレーション)　日本銀行が民間銀行との間で証券を売買する金融政策手段の一つ。

基準貸付利率　日本銀行が民間銀行に対して資金を貸し出す際の基準金利で，かつては公定歩合と呼ばれていた。現在では，コールレート（銀行間短期資金貸出金利）の上限を設定する役割を担っている。

《練習問題》

問1：以下のものを流動性が高い順にならべなさい。
土地，郵便貯金，銀行当座預金，高価な陶器，株式，国債，

問2：M1とM3の違いについて説明しなさい。

問3：以下の記述は誤りであるが，なぜ誤りであるのかを説明しなさい。
(1) 人々がたんす預金を行うようになると，マネーストックは増加する。
(2) マネタリーベースを増加させると，必ずマネーストックは増加する。

第5章

税金の大切さを知ろう

　日本の少子化と高齢化は，世界に類のないスピードで進展しています。これにともなって，年金や医療などの社会保障に必要な費用は大幅に増加すると見込まれています。それらの費用をまかなう上で税は21世紀の日本を支える主要な財源ですから，そのしくみを正しく理解しましょう。

 本章で学習すること

1. さまざまな税金を，その特徴から整理してみましょう。
2. 税の仕組みから，日本と諸外国の違いを比較しましょう。日本で消費税はどうして導入する必要があったのか，また，日本の法人税や国民の負担は諸外国に比較して高いかどうか，について学びます。
3. 所得税を例にとって，年収500万円のサラリーマンの所得税額を計算します。
4. 所得税の支払方法を学びます。
5. 消費税増税で2019年から導入された「軽減税率」とは何でしょうか。

---

1. 税金の種類と特徴

　税は，国や地方公共団体が公共サービスを行うために必要な費用をまかなうため，国民に負担を求めるものです。日本国憲法第30条では「国民は，法律の定めるところにより納税の義務を負ふ」とされています。課税の原則として A. ワグナーは，①財政政策上の原則（課税の十分性・弾力性），②国民経済上の原則（正しい税源・税種の選択），③公正の原則（課税の普遍性・公平），④税務行政上の原則（課税の明確性・便宜性，最小徴税費への努力）を挙げています。

表5-1　税金の分類

	国税	地方税		国税	地方税
所得課税	所得税 法人税 地方法人税 地方法人特別税 特別法人事業税 森林環境税(令和6年度〜) 復興特別所得税	住民税 事業税	消費課税	消費税 酒税 たばこ税 たばこ特別税 揮発油税 地方揮発油税 石油ガス税 航空機燃料税	地方消費税 地方たばこ税 ゴルフ場利用税 軽油引取税 自動車税(環境性能割・種別割) 軽自動車税(環境性能割・種別割)
資産課税等	相続税・贈与税 登録免許税 印紙税	不動産取得税 固定資産税 特別土地保有税 法定外普通税 事業所税 都市計画税 水利地益税 共同施設税 宅地開発税 国民健康保険税 法定外目的税		石油石炭税 電源開発促進税 自動車重量税 国際観光旅客税 関税 とん税 特別とん税	鉱区税 狩猟税 鉱産税 入湯税

出所：財務省『税の種類に関する資料』
https://www.mof.go.jp/tax_policy/summary/condition/a01.htm（2020.1.10現在）

　社会政策上の要請から，国家収入の確保を最重視し，国家活動が国民経済の発展と切り離せないことから，所得を税源とする原則を示しました。また，公平な負担という観点から，負担の程度は負担能力に比例すべきものと考えられています。民主主義国家である日本では，税に関する法律は国会によって定められます。

　税金と一口に言っても，どのようなとき何に課せられるか，誰がどのように負担するかなどに応じてさまざまな種類があり，税金を集める（徴収する）主体もいろいろあります。日本の税制は，景気対策などの短期目的や人口の変化に対応した長期目的などから頻繁に改正されていて，きわめて複雑になっています。まず全体像を把握しましょう。

　表5-1をみると，毎日の生活のなかで，実にいろいろな機会に税金が徴収され

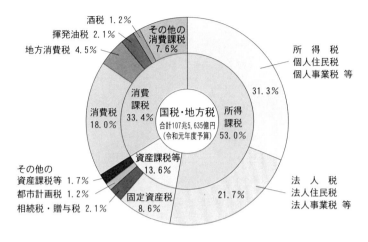

図5-1　税収入の構成

出所：http://www.mof.go.jp/tax_policy/summary/condition/a01.htm （2020.1.10現在）

ていることがわかります。各種の税をまとめて「租税」と呼びますが，これは次の3つの観点から区分することができます。支払う人と負担する人が同じかどうか（直接税と間接税），徴収する主体は誰か（国税と地方税），使い道は限定されているかどうか（目的税と普通税）です。

　直接税とは，税金を負担する人と納める人が同じものをいいます。その代表的な所得税や法人税は，個人や会社の利益（所得）を対象として課税される税金です。間接税とは，実際に税金を負担する人と納める人が異なるものを指します。代表的な消費税は，物品やサービスの購入額（消費額）を対象として課税されます。（消費税の仕組みについては，本章4節で説明します。）たばこ税や酒税などの多くの間接税は購入と同時に支払うため，負担意識が薄いかもしれません。

　徴収する側で分けると国税と地方税があり，地方税はさらに道府県税と市町村税に分けられます。例えば，ほとんどの世帯が自動車を保有していますが，軽自動車にかかる税金は市町村税で，軽自動車以外は道府県税です。消費者が支払う消費税も，2019年10月現在で10％のうち国税分が7.8％（軽減税率の場合6.24％）で，地方分が2.2％（軽減税率の場合1.76％）です。

　また，普通税と目的税という分類をすることができます。普通税は使い道を特定しないで徴収されますが，目的税は使い道を税法によってあらかじめ定めて徴収される税金です。たとえば市町村税である都市計画税は，道路・公園・下水道など，まちづくりのための基盤や環境整備などの都市計画事業と土地区画整理事業の費用にあてられます。

　表5-1には記載されていませんが，さらに負担割合の違いから，定額税，比例税，累進税の３つに分類することもできます。定額税とは，入湯税（宿泊一泊につき150円）のように誰にでも一定額が課せられるものです。比例税では，消費税のように対象額に一定割合が課せられ，累進税では，所得税のように課税の対象額が高くなるほど税率が高まり負担の程度が増加します。(所得税の累進性については，次の３節を参照してください。)

　一般になじみ深い税は，所得税，法人税，そして消費税でしょう。図5-1をみると，この３税で国税・地方税収入全体の71％を占めます（地方消費税を含む）。所得税と法人税の税収は景気動向に左右されやすい一方で，消費税の税収は税率の変更を除いて1998年から2013年まで10兆円前後と安定していて，その後は16-19％と伸びています。また土地や建物の価値に課税される固定資産税は，市町村税収の４割をしめる重要な税です。

２．諸外国との比較

　多くの先進諸国で，納税は国民の義務の一つとされています。近代市民革命が税の問題に端を発したように，税制はそれぞれの国民の手によって長い時間をかけて作り上げられてきたといっても過言ではありません。そのため国によってしくみに違いがあります。そこで，日本，アメリカ，イギリス，ドイツ，フランスの先進５ヶ国の租税を比較してみましょう。

表5-2　直間比率と国地方税比率の国際比較

	日　　本	アメリカ	イギリス	ド イ ツ	フランス
直間比率	66：34	78：22	57：43	54：46	55：45

(注)
1. 日本は平成28年度（2016年度）実績額。なお，平成31年度（2019年度）予算における直間比率（国税＋地方税）は，67：33となっている。
2. 諸外国は OECD "Revenue Statistics 1965-2017" による2016年の計数。OECD "Revenue Statistics" の分類に従って作成しており，所得課税，給与労働力課税及び資産課税のうち流通課税を除いたものを直接税，それ以外の消費課税等を間接税等とし，両者の比率を直間比率として計算している。

出所：「税収に関する資料」財務省（2020.1.10現在）
　　　 https://www.mof.go.jp/tax_policy/summary/condition/a03.htm#a05

（1）直間比率の比較

　直接税と間接税の比率を，直間比率と呼びます。この比率の違いは，その国の税全体の性格をあらわしているといって良いでしょう。表5-2は，主要国の直間比率を比較したものです。日本の直間比率はほぼ7対3で，アメリカの8対2についで直接税の比率が高く，反対にドイツなどのヨーロッパ諸国は5対5程度で直接税の比率が低い傾向にあります。

　さらに国税と地方税に分けると，国と地方の役割分担の違いが見えてきます。表に示されていませんが，アメリカは，国税において直接税の比率が高く，地方税で間接税の比率が高くなっています。地方税の多くは消費税で，消費税の税率が州で異なるケースも珍しくありません。日本はアメリカと逆で，国税で直接税の比率が低く地方税で高くなっています。これは消費税の多くが国税に当てられていて，地方政府の自主財源は個人市町村民税や固定資産税などの直接税が中心です。また歳入の2割弱は国からの地方交付税で賄われています。ともかく，全体の直間比率からみると，日本の税体系はややアメリカに近いといえるでしょう。

　世界的には間接税の比率を高めようという傾向にあります。なぜでしょうか。税を負担する側と徴収する側の2点から，直接税と間接税を比較しましょう。負担する側からみると，所得税に代表される直接税は，現在の所得などの大小に応じて負担が決まります。そのため，土地や株などたくさん資産を持ってい

ても所得があまりない富裕な高齢者は，所得税負担が小さくなります。[1] 元気に働いて一定以上の給与を受け取っている若年世代は，資産をあまり持っていませんが，所得税負担は大きくなります。一方間接税は，消費税のように，財やサービスを購入した者が負担しますので，負担の程度は現在の資産や所得，年齢とも無関係です。21世紀に入り日本の高齢化はますます進展しています。増加する高齢世代の福祉の費用を，現役世代からの税収入でまかなうことには限界があります。現在の日本やヨーロッパ諸国において，間接税の比率を高めようという流れがあるのはこのためで，日本の消費税も社会保障の財源にあてられると決められています。

　次に税を徴する側からみると，所得税などの直接税は，所得の的確な把握が比較的困難で，徴収額が景気の波を受けやすいという欠点を持っています。1991年以降日本経済は長期的な低迷状態に陥り，直接税の徴収額も減少しましたが，2010年以降景気拡大を反映して増加しています。一方，景気対策や福祉などのため，国や県市町村などの支出（歳出）は増加の一途をたどり，歳入不足分は国や県市町村が発行する国債や地方債という「借金」でまかなわれているのです。それにくらべて消費税は，所得が減少しても人々がそれほど消費を減らさないため，徴収額は比較的安定しています。

　以上から，日本では直間比率を見直し，間接税の比率を高めようとして，1989年に３％の税率で消費税が導入され，税率は1997年に５％に，2014年には８％に引き上げられ，さらに，2019年10月に10％に引き上げられました。そのため税収は，税率上昇と景気拡大で大幅に増加しています。

（２）実効税率と国民負担率の比較

　比例税や累進税の場合，税額は各種の控除など税率以外の要因にも左右されるため，実際の税負担は表面的な税率を見ただけではわかりません。法人税の

---

[1]　土地や住宅などの不動産を保有していると，固定資産税という税金が課せられます。しかしその税率は近年1.4％に固定されていて，負担はきわめて低くなっています。

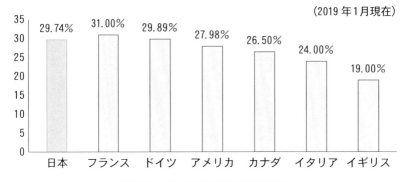

図5-2　法人実効税率の国際比較

(注1) 法人所得に対する税率（国税・地方税）。地方税は，日本は標準税率，アメリカはカリフォルニ
ア州，ドイツは全国平均，カナダはオンタリオ州。フランスについては，課税所得のうち50万ユー
ロ以下の部分の税率は28％。なお，法人所得に対する税負担の一部が損金算入される場合は，そ
の調整後の税率を表示。
(注2) 日本においては，2015年度・2016年度において，成長志向の法人税改革を実施し，税率を段階的
に引き下げ，37.00％（改革前）→32.11％（2015年度），29.97％（2016・2017年度）→29.74％（2018
年度〜）となっている。
(注3) フランスにおいては，2018年から税率を段階的に引き下げ，2022年には25％となる予定。イギリ
スにおいては，2020年度から17％に引き下げる予定。
出所：財務省『法人税など（法人課税）に関する資料』
https://www.mof.go.jp/tax_policy/summary/itn_comparison/j03.htm（2020.1.10現在）

税率は，事業規模や特例によって15〜25％までひらきがあり，しかも税額の計算はきわめて複雑です。そこで，課税所得に対して実際に支払った税額の比である実効税率を用いて，諸外国や地域と比較してみましょう。

　日本の法人の場合，法人税（国税）だけでなく，地方法人税，法人住民税，法人事業税を負担しなければなりません。実効税率は，法人が負担するこれらの税を合わせた負担の割合を示します。図5-2を見ると，日本では50％近かった法人税の負担が，企業の成長力と競争力を高めるため2016年度税制改正によって実効税率は29.74％まで引き下げられました。しかしイタリアでは24％，イギリスでは19％とまだ低い国や地域があります。現在，日本企業の国際競争力を高めるため，法人税の軽減が検討されています。

　個人の税負担をみると，給与所得者（いわゆるサラリーマン）の場合，日本の所得税実効税率は，すべての所得階層で日本が先進国中最も小さくなってい

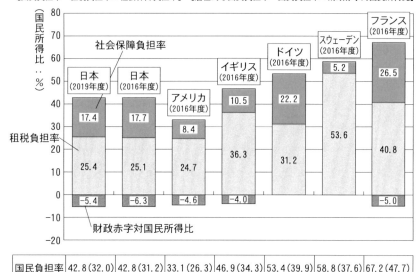

【国民負担率＝租税負担率＋社会保障負担率】【潜在的な国民負担率＝国民負担率＋財政赤字対国民所得比】

	日本 (2019年度)	日本 (2016年度)	アメリカ (2016年度)	イギリス (2016年度)	ドイツ (2016年度)	スウェーデン (2016年度)	フランス (2016年度)
国民負担率	42.8 (32.0)	42.8 (31.2)	33.1 (26.3)	46.9 (34.3)	53.4 (39.9)	58.8 (37.6)	67.2 (47.7)
潜在的な 国民負担率	48.2 (36.1)	49.1 (35.8)	37.7 (30.0)	50.9 (37.2)	53.4 (39.9)	58.8 (37.6)	72.2 (51.2)

（対国民所得比：％（括弧内は対 GDP 比））

図5-3　国民負担率の国際比較

（注1）日本は2019年度（平成31年度）見通し及び2016年度（平成28年度）実績。諸外国は2016年実績。
（注2）財政赤字の国民所得比は、日本及びアメリカについては一般政府から社会保障基金を除いたベース、その他の国は一般政府ベース。
出所：日本：内閣府「国民経済計算」等　諸外国：National Accounts(OECD) Revenue Statistics(OECD)
　　　https://www.mof.go.jp/budget/topics/futanritsu/sy3102b.pdf（2020.1.10現在）

ます。所得税の税額計算は３節で紹介しますが，夫婦子二人で給与収入1000万円の場合日本の所得税・住民税の負担額は114万円であるのに，最も高いイギリスは269万円に達します。また，国民全体の税負担をしめす租税負担率は，日本はアメリカ同様にかなり低く2019年度で25.4％です。一方，最も高いスウェーデンで53.6％と日本の倍以上です（図5-3参照）。

　しかし国民の公的負担は，租税だけではありません。社会保険料などの社会保障費と租税負担の合計が国民所得に占める比を国民負担率と呼びます。社会保障費が国民所得に占める比率は，2019年度の日本で17.4％，フランスでは

26.5％です。そのため図5-3のように，社会保障費を含めた国民負担率は，日本が2019年度に42.8％，アメリカは33.1％，そして最も高いフランスで67.2％に達しています。フランス等で社会保障費が多い理由は，年金にあります。退職前月収の7割程度の年金が支給されるため，50歳代前半から年金生活に入る人も多く，現役世代との負担調整が大きな社会問題になっています。日本の高齢者人口比率は28.1％と世界で最も高いので，今後社会保障費の負担増加は避けられません。

　日本では税収の落ち込みから財政赤字が拡大してきましたが，これも将来国民が負担しなければなりません。年々の財政赤字分を含めると，日本の潜在的な国民負担率はさらに急増します。政府の役割については次の6章で勉強しますが，税負担と公共サービス受益のバランスは，わたしたち国民の選択で決まります。

3．税金と税率

　次に，所得税を例に，税金の計算方法をみてみましょう。所得税は累進税で，課税の対象額が多いほど税率も高くなっています（表5-3を参照）。所得税だけでなく，相続税や贈与税も対象額に応じて税額が変わります。そのような場合，計算の基本式は，

$$税額＝（収入－経費－所得控除）×税率－税額控除$$

です。（収入－経費）を「所得」，（所得－所得控除）を「課税対象額」と呼びます。この式から見ると，税額の違いを決めるものは所得以外に，所得控除，税率，税額控除の3つであることがわかります。

（1）所得と控除

　私たちが受け取るさまざまな収入から，それを生み出すために支払った費用

表5-3　給与所得控除と所得税税率（平成27年分から）

給与所得控除額（令和元年分）

収入金額	給与所得控除額
1,625,000円まで	650,000円
1,625,001円から 1,800,000円まで	年収×40%
1,800,001円から 3,600,000円まで	年収×30%＋ 180,000円
3,600,001円から 6,600,000円まで	年収×20%＋ 540,000円
6,600,001円から10,000,000円まで	年収×10%＋1,200,000円
10,000,001円以上	2,200,000円

注：実際に収入金額が660万円までの場合には，「年末調整等のための給与所得控除後の給
　　与等の金額の表」で給与所得の金額を求めますので，上記の計算とは若干異なる場合が
　　あります。

所得税の税額表〔求める税額＝A×B－C〕

A 課税所得金額	B 税率	C 控除額
1,000円から1,949,000円まで	5%	0円
1,950,000円から 3,299,000円まで	10%	97,500円
3,300,000円から 6,949,000円まで	20%	427,500円
6,950,000円から 8,999,000円まで	23%	636,000円
9,000,000円から17,999,000円まで	33%	1,536,000円
18,000,000円から39,999,000円まで	40%	2,796,000円
40,000,000円以上	45%	4,796,000円

出所：国税庁『給与所得者と税』
　　　https://www.nta.go.jp/publication/pamph/koho/kurashi/html/02_1.htm
　　　（2020.1.10現在）

（経費）を差し引いたものが所得です。所得は，給与所得や退職所得のほかに，債券を持っている人に支払われる利子所得，株主が受け取る配当所得，家賃収入などの不動産所得，資産を売却したときの譲渡所得，一時所得，雑所得などが主です。所得税は，原則としてこれらの所得が合算して課税される総合課税となっていますが，利子所得などは原則として他の所得と分離して源泉徴収される分離課税が適用されています。表5-3のように，所得税は累進税ですから，複数の所得があると，合算されて課税される総合課税のほうが摘用される税率が高くなり，負担が重くなります。

　サラリーマンの給与所得税は，4節で述べるように，企業によってあらかじ

め徴収・納税されます。そのため，収入から差しひかれる経費にあたる給与所
得控除が表5-3のように定められています。さらに，すべての納税者が利用でき
る基礎控除（38万円）のほか，一定の条件を満たせば一律額が認められるもの
として，配偶者控除，面倒を見なければならない子供や同居老人などがいるこ
とを考慮した扶養者控除などがあります。一律額であっても，控除条件によっ
て控除額が異なるものもあります。一方，税額控除の例として，住宅借入金特
別控除があります。これは，定められた要件のもとで，新築住宅などの購入の
ために住宅ローンを利用すると納税額が減額されるというものです。(詳細は国
税庁のホームページで確認しましょう。)

（2）税額計算

　では所得税税額を計算しましょう。国税庁HP「給与所得者と税」掲載の計
算例を紹介します。年収500万円のサラリーマン太郎さんの所得税はいくらに
なるのでしょうか。ここでは，太郎さんは結婚していて子どもが2人いるとし
ます。

　まず表5-3から，給与所得控除の額を計算します。経費である給与所得控除は

　　　500万円×0.2+54万円＝154万円。

給与収入からこの給与所得控除を差し引いた給与所得は以下の値です。

　　　500万円－154万円＝346万円。

　給与所得の金額から所得控除額を差し引いて課税所得金額を算出します。所
得控除には扶養控除など14種類あります。[2] 太郎さんの控除の合計額は

---

[2]　扶養家族がいると，さらに控除額が上乗せされます。16歳以上の一般扶養親族は38万円，
　19歳以上23歳未満の特定扶養親族は63万円，70歳以上の老人扶養親族は同居の場合58万円
　を，1人あたりひきます。配偶者がいる場合，配偶者の所得に応じて控除額は異なり，年間
　の合計所得金額が48万円以下（令和2年分以降）または給与所得のみの場合は103万円以下
　なら，配偶者控除額は38万円になります。

94

　　　　社会保険料控除60万円＋生命保険料控除10万円

　　　　＋配偶者控除38万円＋扶養控除76万円＋基礎控除38万円＝222万円

したがって課税所得金額は

　　　　346万円－222万円＝124万円

太郎さんの所得税額は表5-3から，以下となります。

　　　　124万円×0.05＝６万2,000円

　収入に対する所得税負担率（＝所得税額÷収入）はこの場合約1.24％です。所得控除が大きいため，負担は軽いと思いませんか。

　所得税額から，（（特定増改築等）住宅借入金等特別控除額などの）所得税額から差し引かれる金額を差し引いた後の金額と，その金額に2.1％を掛けて計算した復興特別所得税額を合計し，所得税及び復興特別所得税の額を求めます。国税太郎さんの所得税及び復興特別所得税の額は，最終的に次の通りです。

　　　　所得税額６万2,000円＋復興特別所得税額（６万2,000円×2.1％）
　　　　＝所得税及び復興特別所得税の額６万3,300円（ただし100円未満端数切
　　　　　捨て）

４．税金のとり方・払い方

　日本では，課税にたいする不公平感が強いと指摘されてきました。このような納税者の意識は，税金のとり方と払い方や税制の透明性に大きく影響されます。ここでは，所得税の払い方としての確定申告や源泉徴収，そして消費税にかかわる問題を紹介します。

（1）所得の把握とマイナンバー

　所得は，繰り返しになりますが，収入からその収入を生み出すためにかかった経費を差し引いたものです。しかし実際に支払った支出すべてが，経費として認められるとは限りません。パソコンなどの機械設備を購入した場合，その一部分しか1年分の費用として認められません。また経費について納税者と税務署の解釈が違うこともあります。競馬の配当所得を申告せず巨額の追徴課税をうけた会社員が，外れ馬券の購入費用を経費とみなすべきと主張して，最高裁で認められました（2015年3月）。

　先に，直接税と間接税を比較したところで，直接税では所得の的確な把握が比較的困難だといいました。所得をどの程度的確に捉えているかを所得捕捉率といいます。従来，給与所得者に比べて自営業者や農業所得者は捕捉率が低かったため，このような不公平な捕捉率の差は「クロヨン（給与所得者9割，自営業者6割，農業所得者4割）」や「トーゴーサン（同10割，5割，3割）」と呼ばれたことがありました。社会保障，税，災害対策のため，国民一人一人に一生使うマイナンバーが，2015年10月から付与され，2019年5月末まで普及率は約13.3％です。税の申告に利用されるため，所得の把握が正確になるものと期待されています。

（2）確定申告と源泉徴収

　毎年3月上旬になると，有名タレントやスポーツ選手が，税務署の窓口で書類を渡しているニュースが流れます。彼らは，自分の所得税額を申し出ているのです。われわれは政府に税金を支払う義務があり，1年間の収入を合計して，自分で税額を計算し，翌年3月15日までに納税することになっています。この手続きがいわゆる確定申告です。

　所得税の支払方法には，このような確定申告以外に，給与所得などのように，企業が給与などの支払額から納税額をあらかじめ差し引いて税務署に支払う源泉徴収があります。日本の所得税の場合，源泉徴収額は所得税徴収額全体の8

96

割を超えていて，徴収手段として大きな役割を果たしてきています。しかしサラリーマンでも，給与収入が2000万円を超えたり２ヶ所以上から給与を受けていると確定申告する必要があり，マイホームを購入したり，多額の医療費を支払ったときなど，確定申告で税金が還付されることがあります。

　日本では1989年時点で，税収100円あたり国税で95銭，地方税で２円36銭の徴税費用がかかっています。[3]　源泉徴収は企業などの事業者が徴税業務を代行していますので，非常に効率的な徴税制度ですから，冒頭に述べたA.ワグナーの「最小徴収費への努力」の原則に合致しています。納税者側にとっても，納税額の計算と納税の手間が省けるという利点もあります。

　インターネットの普及で，「国税電子申告・納税システム（e-Tax）」が2004年２月から実施されています。プライバシーが保護されれば，納税者にとっても徴収側にとっても，事務負担が大幅に軽減されると期待されています。このように徴収制度は改善されてきていますので，われわれはむしろ多額の税金の使途について厳しいチェックをすることが必要です。

（3）消費税の問題点と軽減税率

　現行の日本の消費税には，益税と逆進性という２つの問題点が指摘されています。消費者が負担した消費税の一部が国庫に入らず，事業者の手元に残ってしまうことを消費税の益税といいます。これは，前々年の課税売上高１千万円以下の事業者に納税が免除されていることと，年間売上高５千万円以下で届出のあった事業者にみなし仕入率（売上の一定割合を仕入れとみなす）を用いた簡易課税制度が認められているためです。

　このような問題が起きるのは，消費税の徴収方法に原因があります。図5-4は消費税の仕組みをあらわしています。流通の各段階で，売上にかかる税から仕入れにかかる税をさしひいて，納付税額が決まります。図のように消費者が22,000円の代金を支払い，消費税として2,200円支払ったとします。消費税を負

---

[3]　財務省ホームページ「国税及び地方税の徴税費の累年比較」

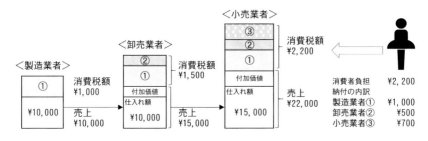

図5-4　消費税の仕組み

注：消費税率は10%として計算しました。

担したのは消費者です。納税は，製造業者が1,000円，卸売業者が500円，小売業者が700円それぞれ行います。（このように，負担する人と納税する人が異なる税を間接税といいました。）しかし仮に小売業者が免税業者であった場合，納付すべき700円はこの業者の手元に雑収入として残ってしまいます。益税は国全体では5000億円に達するとの推計もありました。[4]　小売業者の付加価値額は7,000円ですから，この業者の税額は付加価値額に対しても10%になっています。そのため多くの先進諸国では付加価値税と呼ばれています。

　また，所得税などの「累進性」に対して，消費税の逆進性という性格も問題として指摘されます。消費税は，所得と無関係に，同じ支出をした人に同じ税額が課せられます。したがって，所得の低い人ほど負担割合が大きくなるため，逆の累進性という意味で逆進性があると言われます。これを改善するため，イギリスやカナダのように，食料品の税率をゼロにしているところもあります。日本でも，社会保障と税の一体改革の下，2019年の消費税率10%への引上げに伴い，所得の低い方々に配慮する観点から，「酒類・外食を除く飲食料品」などを対象に「軽減税率制度」8％が導入されました。

　2020年の税制改正の大綱（財務省HP）によると，持続的な経済成長の実現に向け，オープンイノベーションの促進及び投資や賃上げを促し，経済社会の構造変化を踏まえて，国際課税制度の見直しなどが行われます。同時に経済再生

---

4)　鈴木善光「消費税における益税の検討」『会計検査研究』2011年。

アドバンス

相続税と贈与税の非課税制度
～こどもにいつ資産を渡すべきか～

　国民の生活が豊かになり，個人の資産が蓄積されると，それを自分の子供たちにいつ渡すかを考える必要が出てきます。このような子供世代への移転は，死亡時であれば相続税，生前であれば贈与税の対象になります。

　日本では，贈与税が高く相続税が低かったため，欧米諸国に比べて親世代の死亡時に移転が集中し，子供世代が本当に必要とする時期にお金が渡されないと指摘されてきました。これを改善するため2003年から，アメリカのように相続税と贈与税が統合された「相続時精算課税制度」が実施されています。

　日本政府はさらに，子供世代の住宅取得や教育費の負担を軽減して景気をよくするため，これらを目的とする贈与に非課税制度を設けています。

　住宅については，2012年から2014年までの間に，父母や祖父母などの直系尊属から贈与を受けて一定期間内に住宅取得した場合，取得等資金の一定金額（2014年のとき最高1000万円）について贈与税が非課税になりました。この制度はさらに期限が延長され，2015年以降非課税枠も最大2500万円に拡充されています。また，2013年から2015年の間に，教育資金に充てるため，父母や祖父母と信託会社との間の教育資金の管理に関する契約を結べば，1,500万円に相当する価額について贈与税がかからないという「教育資金の非課税制度」が設られました。これにより，日本でも贈与と信託のしくみが身近になるでしょう。

相続税の増税

　相続税は贈与税に比べて負担が低いと述べましたが，実際に日本で相続税を支払っている相続人は全体の４％程度でした。つまり，大半が相続税を支払っていませんでした。これは，相続税の控除額が極めて大きく，88頁の税額の式でみると，相続額（式では収入）が大きくても，控除額が大きいためです。相続人が多いと控除額も大きくなります。

　特に相続する資産が小規模住宅の場合，その価値の80％が課税価格から減額されるので，相続財産の大半が住宅である日本では，相続税を払う場合が少なかったのです。ところが2015年からは，この控除額が大幅に引き下げられ累進税率も一部引き上げられるため，相続税を支払う場合が増えると言われています（105頁表6-1参照）。

　このように，税負担が増えるかどうかは，税率だけでなく控除額にも大きく影響されるのです。

と財政健全化の両立を図ろうとしています。税のしくみは国会の審議を経て決まりますから、税の今後を決めるのは、私たち納税者です。

本章のまとめ

1．公共サービスの主な財源となる税には、さまざまな種類があります。負担する人と支払う人が、所得税や法人税のように同一の直接税に対して、消費税のように異なる税を間接税といいます。所得税、法人税、消費税の3税で、国税・地方税収全体の7割近くを占めています。また負担構造でみると、同一額を負担する定額税、課税対象額の一定割合を負担する比例税、対象額が増加するにしたがって負担の重くなる累進税があります。対象額が増加するにしたがって負担が軽くなる場合は、逆進的であるといいます。

2．直接税と間接税の比率を直間比率と呼び、その国の税全体の性格をあらわしています。日本は、米国について直接税の比率が高く7割程度です。高齢化の進展と現役世代の負担などを考慮して、先進諸国で社会保障の財源として間接税の比率を高める傾向があります。社会保障費と租税負担が国民所得に対する割合である国民負担率は日本で約4割に達しています。

3．所得税は累進税です。複数の所得があると、その合計に対して税額が計算される総合課税のため、それぞれの所得に個別に課税される分離課税より負担が重くなります。税額の課税所得に対する比率を実効税率とよび、日本では個人所得税の負担が軽いです。法人の負担率は現在米国と同程度ですが、企業の国際競争力を高めるためにさらに軽減すべきという議論が活発になっています。

4．税金の支払方法には、支払う人が自ら1年間の収入と税額を税務署に確定申告した上で支払う申告納税と、企業が給与などの支払額から納税額をあらかじめ差し引いて税務署に支払う源泉徴収があります。

5．2019年10月から日本では、消費税10%のうち国税分は7.8%で、地方分が2.2%です。消費税の一部が事業者の手元に残る消費税の益税と低所得層ほど税負担が重くなる逆進性が問題で、軽減税率が導入されました。

■その他のキーワード■

所得税　個人の利益（所得）を対象として課税される税金です。
法人税　企業の利益（所得）を対象として課税される税金です。
消費税　物品やサービスの購入額を対象として課税される税金です。
所得捕捉率　所得をどの程度的確に捉えているかを示します。

《練習問題》

問1 :『家計調査』(総務省)によると,2012年全国勤労2人以上世帯において,勤め
先からの平均年収は580万円でした。サラリーマンのBさんも,今年の給与収入が
580万円でした。

(1) 給与所得控除(サラリーマンの必要経費にあたる)はいくらでしょうか。また
それを収入から差し引いた給与所得は,いくらでしょうか。

(2) 専業主婦の妻一人と,高校生と大学生の子供が二人います。すべての納税者に
認められる基礎控除38万円,配偶者控除38万円,扶養控除(93頁注2参照)を
考慮して,所得税額を計算しましょう。また収入にたいする所得税の負担率(=
所得税額÷給与収入)はいくらになるでしょうか。ただし社会・生命保険料や復
興特別所得税はないものとします。

問2 :A財は,製造業者と小売業者の2社をへて,消費者に販売されています。(卸売
業者は,経由していません。)製造業者の売上が3万円,小売業者の売上が7万円で
した。消費者が小売業者に支払う消費税額はいくらでしょう。またその消費税額は,
製造業者と小売業者でそれぞれいくら納付されるのでしょうか。税率は10%とし
ます。

第❻章

政府の役割について考えてみよう

　日本国政府と地方政府を併せた借入金の残高は，2018年度末で1,299兆円，2018年の GDP の237%，国民1人当たり約1,029万円にも及びます。これほどの借金が何に使われてきたのでしょうか。日本政府や地方政府の支出には無駄はないのでしょうか。今日の日本経済で政府が果たしている役割を正しく理解した上で，支出内容のあり方を考えていく必要があります。

本章で学習すること

1. 政府の経済的役割は市場経済秩序の維持，資源の効率的配分（公共財や外部性など），社会保障を含む所得や富の再分配，経済の安定，および経済の成長の5つの分野にまたがります。
2. 日本国政府の予算はどのような過程を経て編成されるのでしょうか。また，その内訳はどのようになっているのでしょうか。
3. 地方財政と社会保障基金の規模は中央政府の規模を上回っています。
4. 政府が仲介する財政投融資は民間の金融機関の活動を補完しています。

1. 政府の役割

　これまで学習したように，今日の各国の経済体制は市場経済メカニズムを基本的な枠組みとしています。企業経営における労使関係にも市場経済メカニズムは採り入れられ，企業は効率的な生産により，利潤の最大化を目指して，経営を実行しています。[1] しかし，同時に，どの国においても政府が重要な補完的

---

1) 現代では株式会社が企業の一般的な形態ですが，法律上は株式会社の所有者は株主であり，経営者は株主から委託されて経営に携わるにすぎません。企業経営者は，株主にとって

な役割を果たしています。たとえば，日本国政府の一般会計の予算規模は2019（令和元）年度で101.5兆円で，2019年7–9月期の国内総生産559兆円に対する割合は18％に達しています。日本経済にとって政府が果たしている役割は大きいといえます。以下では，まず，政府が果たすべき5つの経済的役割，すなわち，市場経済秩序の維持，資源の効率的配分，所得や富の再分配，経済の安定，および経済の成長，について検討します。

（1）市場経済秩序の維持

　政府が果たしている第1の重要な経済的役割は，市場経済秩序（ルール）の維持に関わる事柄です。市場経済における商品売買は売り手が保有している商品の所有権を前提することから始まります。私的所有権は日本国憲法によって保障されています。憲法で保障されていることを政府は国民に保障する必要があります。そのために，立法，司法，および行政の三権があります。自分が取得したいと望む商品を正当な対価無しに強奪すると，どろぼうになり，犯罪行為として処罰されます。このように，市場経済秩序を維持するためには，ルールを規定した法律，権利関係を公示する登記制度，権利関係を保護するための，警察や裁判制度などが必要です。また，企業経営においては，労働者と使用者（いわゆる労使）の雇用関係が適正なものとして確保される必要がありますが，これも労働法などの法律と司法制度によって確保されています。

（2）資源の効率的配分

　政府が果たすべき第2の経済的役割は，資源の効率的配分を確保することです。これは主に，独占的な行動の監視，公共財の供給，および外部性の調整と

の利益を最大化するように，つまりは，企業の利益が最大化するように，企業を経営することを委託されているということになります。しかし「企業」という概念をどのような範囲で捉えるか，企業はどのように行動しているかについては，「企業統治」に関する議論として，経済学や経営学の中でさまざまな検討が行なわれています。詳細については，上田・時岡・山崎著『会社入門』（多賀出版）などを参照してください。

いう3つの分野から成り立っています。まず，独占は供給量を削減して価格を引き上げ，消費者の経済上の利益を損ない，社会全体にとって不利益をもたらしますので，独占禁止法という法律で禁じられています。この法律の執行のために公正取引委員会が設けられており，複数の企業が共謀して価格を引き上げたり，維持したりするカルテル行為などを監視しています。また，企業合併により独占の弊害が生じるかどうかについての判断を行っています。

　さらに，政府は私的には供給されがたい公共財を供給しています。ここに公共財というのは，企業や個人が生産し，私的に販売する私的財とは違った性格の財です。公共財として考えられるのは，道路，橋，公園，防衛など，多数の人々に開かれている，いわば公共的な性格の財です。

　公共財は私的には供給されがたいという特徴を持ちます。私的に供給した人がその費用を効果的に回収することが困難だからです。しかし，住民全体の厚生のためには，公園も道路もあった方が良いので，その費用を税金の形で分担して，供給し，その利用については格別の制限を設けないということが望ましいというわけです。このような私的には供給されがたいが，住民全体にとっては供給された方が望ましい公共財としては，地域での道路，公園，橋などの他に，国全体での国防，司法，行政などのサービスも含まれます。ただし，どの程度のサービスの供給が望ましいかは一概には決められません。例えば，国防は他国からの侵略を防ぐためには必要だとしても，どの程度の規模と装備を備えればよいかは，考え方によって異なるでしょう。そこは民主的な手続きによって決めるしかないといえます。

　資源の効率的配分に関わる第3の分野は外部性の問題です。外部性とは，私的な財の生産がその財の取引や消費とは必ずしも関わりのない第3者に市場を介さないでおよぼす効果のことです。例えば，公害，CO_2の排出による温室効果，環境ホルモンによる生態系への影響などは負の外部性（外部不経済）です。それに対して，教育は教育を受ける本人の能力を高めるだけでなく，社会全体にとっても，犯罪を削減し，社会全体の進歩（技術進歩による生活の改善など）につながるという良い効果を持っています。正の外部性（外部経済）といえます。負の外部性に対しては政府は規制や，課税によって，外部性を削減するよ

104

チョット考えてみよう？　公共財はなぜ私的には供給されないのでしょうか。
　道路のようにある地域の住民にとって，あるいは，その地域を通過して他の場所に移動する人々にとって，その地域の道路は無くてはならないものだとしても，そのような道路建設を私的な事業として，行うことは難しそうだとは思いませんか。それはなぜなのでしょうか。

　実は，**公共財**には非競合性（nonrivalry）と非排除性（nonexcludability）という２つの性質があります。私的財の場合には，その消費が他人の消費と競合します。つまり，私が消費するハンバーグをあなたが消費することはできません。そういう意味で，私的財は競合性（rivalry）があります。ところが，公共財の場合には，例えば，道路の場合のように，私が道路を歩いても，あなたが同じ道路を歩くことができなくなるわけではありません。言い換えれば，道路サービスの消費は競合しません。そういう意味で，公共財は非競合的です。非競合的であるために，道路建設の費用を負担した人以外の人が道路を使ったとしても，費用を負担した人の道路利用が不可能になるというようなことにはならないわけです。

　また，私的財の場合には，代金を払わない人にはその商品を渡さないことで，代金を払わずに消費しようとする人を排除することができます。しかし，公共財の場合には，代金を支払わないで公共財を利用する人（フリーライダー）の消費を効果的に排除することができません。例えば，市町村がその住民の支払った税金で公園を設置した場合でも，その市町村以外の住民がその公園を利用することを効果的に排除できません。もちろん，お金をかければ，それなりに公園利用者を当該市町村の住民に限定することはできます。例えば，網塀を巡らせて，住民には鍵を持たせるというようなことをすれば，鍵を持たない人々が公園にはいることを排除することができます。しかし，そのようなことをすることは，余計なお金がかかりますし，意味のあることでもありません。というのも仮に，よその人が公園を利用したとしても，当該市町村の住民の便益が損なわれるわけでも無いからです。このようなことは道路の利用についても当てはまります。公園や道路などの公共財はその費用を負担しなかった人の消費を効果的に排除できないという性格があります。このことを非排除性とよびます。非競合性と非排除性という２つの性質のために公共財を私的に供給したとしても費用をうまく回収できないため，公共財は私的には供給されないわけです。

うな働きかけをする必要があります。また，正の外部性を持つ事柄に対しては，補助金や奨学金などで，そのような財の生産を奨励する必要があります。

表6-1　相続税率表

課税標準	税率	控除額
1,000万円以下	10%	—
3,000万円以下	15%	50万円
5,000万円以下	20%	200万円
1 億円以下	30%	700万円
2 億円以下	40%	1,700万円
3 億円以下	45%	2,700万円
6 億円以下	50%	4,200万円
6 億円超	55%	7,200万円

遺産に係る基礎控除：定額控除3000万円，法定相続人数比例控除：600万円×法定相続人の数。配偶者に対する相続税額の軽減：配偶者の法定相続分又は 1 億6000万円のいずれか大きい金額に対応する税額まで控除

出所：国税庁ホームページ，No.4152 相続税の計算
　　　［平成31年4月1日現在法令等］
　　　http://www.nta.go.jp/taxes/shiraberu/taxanswer/sozoku/4152.htm（2020.1.1現在）
注：平成27年 1 月 1 日以降に相続があった場合の税額表（速算表）です。

（3）所得や富の再分配

　政府が果たすべき第 3 の経済的役割は社会保障を含めて，所得や富の再分配に関わる役割です。累進所得税は高い所得には高い税率を適用する所得税です。[2] 相続についても，税率は相続額が多くなるに従って増加する累進課税で，2015年 1 月 1 日以降，表6-1に示すように，課税標準額 6 億円超に対して適用される最高税率は55%に及んでいます。累進課税はより高い税負担が可能な人には多くを負担してもらうという観点から設けられた制度です。一方で，金持ちからは多く税金を徴収し，他方で，社会保障などの形で，所得の少ない人々に所得を移転することによって，所得や富の不平等を是正することを意図してい

---

[2]　表5-3で示すように，2015年以降日本では課税所得額に対して，195万円までの 5 %から4000万円超の45%までの 7 段階です。夫婦子 2 人（高校生と大学生）の給与所得者の場合，令和 2 年以降の課税最低限の所得は278.6万円になります。
　　国税庁の HP：http://www.nta.go.jp の No.1410 給与所得控除，No.2260所得税の税率，No.1180 扶養控除を参照（2020.1.14現在）

ます。しかし，高い税負担は稼得能力の高い人の労働意欲を阻害し，結局は税収を削減するという議論がアメリカで展開され，米国でレーガン大統領の下で1988年に税率がそれまでの14段階から15％と28％の２段階に簡略化されたのをきっかけに各国で累進税率は簡素化されてきました。

　所得再分配に大きな役割を果たしている制度に社会保障制度があります。社会保障制度は国民の生存権の確保を目的として保障を行う制度です。健康保険，雇用保険，介護保険，老人医療，種々の年金制度など種々の保障が行われています。そのうち特に，老人世代への保障は主に勤労世代から社会保険料を徴収して老人世代へ分配するという世代間の所得の再分配の役割を果たしています。市場経済に委ねた場合には必ずしも十分な目的が達成できないので，政府が勤労世代と老人世代の間の橋渡しをしています。現在の日本では，老人のケアを年金，老人医療，および介護保険という形で，社会的に面倒を見るようになっています。もともと，戦前の大家族制度の下では，老人のケアは大家族の下で，各家庭で行われていたことです。それぞれの家計はそれぞれの所得や資産の制約の中で，老人に対するケアを実行し，面倒を見る側も見られる側も，それなりに納得していたといえます。老人の消費活動も医療の手当も私的な財貨サービスの消費として処理されていました。しかし，戦後のいわゆる核家族化の進展によって，家庭における老人のケアは家庭には負担の重すぎることとなり，社会保障制度が拡充されてきたといえます。社会保障制度は老人のケアをある程度社会的に画一化しています。社会保険料を一定期間払った人は誰でもある程度老後の所得を保障され，病気の治療と介護とが受けられるようになっています。一面では，各家庭に分散されているよりも，集団的に介護することで，各家庭への負担は少なく，より効率的に質の高い医療ないし介護サービスが提供されるといえます。しかし，同時に，医療サービスや介護サービスが過剰に長期にわたって供給され続ける危険性もあります。

　少子高齢化の進展は現行の社会保障制度の維持そのものを困難にしているといえます。つまり，現行の給付水準を維持しようとすると，勤労世代にとっての負担が重くなりすぎるのです。老齢者に対する給付水準を一定にするのではなく，勤労者の拠出を確定するが給付は確定しない，確定拠出年金（いわゆる

日本版401k）制度の拡充や，年金支給開始年齢の引き上げ，財源の確保などを柱とした社会保障制度の改革が不可避であるといえます。

（４）経済の安定

　政府が果たしている第４の経済的役割は経済の安定に関わることです。戦後の日本経済発展は景気循環の過程を経て実現されてきました。景気の好況局面では景気の行き過ぎによって物価や資産価格が過度に上昇することを抑制する必要がありますし，景気の後退局面，特に長引く不況局面では，雇用の増加を図るための政策を実行する必要があります。

（５）経済の成長

　政府が果たしている第５の経済的役割は経済の成長に関わることです。1970年代初めまでは，戦後の復興と欧米先進諸国へのキャッチアップを目標に高度成長を政策目標としてきました。1973年の石油危機以降の低成長下では，産業構造の変換と成長持続のために数々の対策を実行してきました。石油利用型の電力発電を原子力を含めて，他の資源を利用した電力発電へと分散化する政策を実行してきています。また，「重厚長大」型の産業から IT 関連産業に代表されるいわゆる「軽薄短小」型の産業への転換を促進してきました。さらに，環境規制などを通じて，市民の健康な生活を確保するように尽力してきました。既に，2008年の１億2808万人をピークに人口が減少し始めており，今後，日本経済の高度成長は見込めませんが，人口１人当たりの生活水準の向上という課題は依然として政府の政策目標であり続けます。

２．一般政府の支出の構造

　「国民経済計算」における一般政府は，中央政府，地方政府，および社会保障

基金からなり立っています。その一般政府の支出規模は2019（令和元）年 7 - 9
月期に，政府消費支出111.7兆円と公的固定資本形成29.4兆円，および公的在庫
品形成 0 兆円を合わせて，141.0兆円で，同期の国内総生産559.2兆円の25.2％に
達しています。以下では，この 3 つの部門の支出について順に検討します。ま
ずは，中央政府の支出ですが，これはニュースや新聞などで大きく採り上げら
れる日本国政府の支出の中核部分を占めています。日本国政府の支出は実は国
民経済計算における一般政府の 3 つの部門にまたがった包括的なものです。以
下では， 3 つの部門の概要を検討します。しかし，その前に，日本国政府の予
算編成，執行，および決算の段取りについて検討します。

（1）日本国政府の予算編成，執行，および決算

　表6-2に示すように，各省庁は 5 月頃から翌年度の予算作成作業に入り， 8 月
末までには概算要求を財務省に提出します。財務省は歳入の制約を念頭に置い
て，これを査定し，財務省原案を作成します。各省庁は査定で削減された要求
について，重要なものについては局長折衝および大臣折衝を通じて復活折衝を
行ないます。その結果，政府としての最終原案は12月中に閣議決定され， 1 月
中に通常国会に提出されます。国会では予算委員会での審議を経て，まず，衆
議院で議決され，参議院に送られます。参議院で可決されると予算が成立しま
すが，参議院が30日以内に可決しない場合，または，違った議決をして，両院
協議会でも調整がつかない場合には，衆議院の議決が国会の議決となります（日
本国憲法第60条）。予算が年度内に決まらない場合には，予算が決まるまでの間
をカバーする最小限の予算を暫定予算として組み，国会で議決します。
　予算は決まると，執行されますが，年度途中で，経費の不足を補うほか，緊
急の支出の必要がある場合，または，債務の負担を行うため，内閣は補正予算
を作成し，国会に提出することができます。年度が終了すると，各省庁は歳入
歳出の決算報告書を財務大臣に提出し，内閣は歳入歳出決算を会計検査院に送
付し，検査を受けた後，決算を国会に提出しなければなりません。次に，以上
のような段階をへて決定される日本国政府予算の中身を検討します。

表6-2　日本国政府予算の成立までの過程

年月	各省庁，内閣，国会の対応
5月	各省庁が翌年度の予算の見積もりを開始
8月	各省庁が翌年度の予算の概要要求を財務省に提出
12月	政府予算の編成作業の本格化，政府案の閣議決定
1月頃	政府予算案が国会に提出される
3月までに	政府予算案が国会で決議される。衆議院に予算の先議権があり，衆議院の可決後，参議院が30日以内に議決しない場合には，衆議院の議決を国会の議決とする（日本国憲法第60条）。4月以降にずれ込む場合には，必要に応じて暫定予算を国会で議決する。
4月以降	予算執行
年度後半	内閣は，経費の不足が生じた場合，または，緊急の支出または債務の負担を行うため，補正予算を作成し，国会に提出することができる。
翌年度	各省庁は歳入歳出の決算報告書を財務大臣に送付
翌年度11月31日までに	内閣は歳入歳出決算を会計検査院に送付
翌年度12月	内閣は会計検査院の検査を経た歳入歳出決算を翌年度の通常国会に提出，承認を受ける。

出所：財政法，日本国憲法，財務省ホームページⅡ財政投融資Q&A
http://www.mof.go.jp/zaito/zaito2003/Za2003-02-01.html（2003.12.31現在）などに基づき，著者作成。

（2）日本国政府の歳出

　2019（令和元）年度の日本国政府の予算の歳出総額は約101.5兆円で，その内訳は図6-1に示されています。系列1では，歳出の全体が国債費（23.5兆円，23.2％）とそれ以外の基礎的財政収支対象経費（77.9兆円，76.8％）に分かれています。国債費は過去に発行された国債の利子の支払いと満期になった国債の償還に充てられる額です。しかし，実際に発行される国債は過去に発行された国債が満期になった時に，それを借り換えるために発行される借換債を含んでいます。[3)] 国債費の増加は歳出の中で一般の政策のために利用できる財源を圧縮し，政府の歳出内容を硬直化すると同時に，累積した国債残高を将来どのように償還していくかという大きな課題を提起しています。基礎的財政収支対象

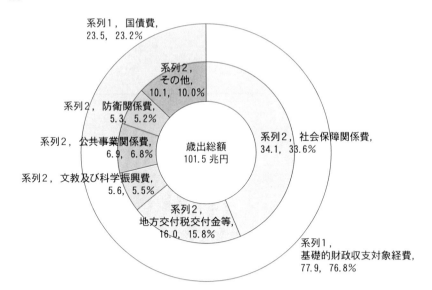

図6-1　2019（令和元）年度の日本国政府歳出予算の概要

　経費が政策的な支出に充てられる部分です。このうち，最大の支出項目は社会保障関係費で34.1兆円（歳出全体の33.6％，以下同様）です。これは表6-3に示すように，年金，医療，介護などの保険給付費，生活扶助等社会福祉費，少子化対策費などです。[4]　少子高齢化に伴い，社会保障関係費の増加とその負担の問題は日本国政府の財政問題の中でも最大の課題となっています。

　基礎的財政収支対象経費の中で第2に多いのは地方交付税交付金等16.0兆円（15.8％）です。この経費は所得税及び法人税の33.1％，酒税の50％，消費税の20.8％，及び地方法人税の全額を地方団体に交付するものです。[5]　交付の基準は地方の財政需要で，使途を特定されません。この交付金や使途を特定化され

3）　国債費の内訳は，債務償還費14.3兆円（14.1％），利子及割引料8.8兆円（8.7％），および国債事務取扱費0.03兆円（0.03％）です。利子率及割引料は国債等や借入金の利子の支払分と短期の借入用の財務省証券利子です。実際に発行される国債についてみると，平成30年度国債発行計画では国債発行総額149.9兆円の中，借替債は103.2兆円（発行総額の68.8％）です。

4）　社会保障関係費の中でも際立って多いのは年金給付費12.0兆円（社会保障関係費の35.4％，以下同様）と医療給付費（11.9兆円，34.8％）です。次いで，生活扶助等社会福祉費が4.2兆円（12.3％）になっていますが，これは生活保護法（昭和25法144）に基づく生活扶助等，及び障害者自立支援給付等に必要な経費です。介護給付費は3.2兆円（9.4％）です。

表6-3　2019（令和元）年度予算の社会保障関係費の内訳

支出項目	金額（兆円）	割合（％）
総額	34.1	100
1．年金給付費	12.0	35.4
2．医療給付費	11.9	34.8
3．介護給付費	3.2	9.4
4．少子化対策費	2.3	6.9
5．生活扶助等社会福祉費	4.2	12.3
6．保健衛生対策費	0.4	1.1
7．雇用労災対策費	0.0	0.1

出所：財務省『平成31年度予算及び財政投融資計画の説明』より作成。
https://www.mof.go.jp/budget/budger_workflow/budget/fy2019/sy310128.html
　　5 生活扶助等社会福祉費と 6.保健衛生対策費は通常分の他に臨時・特別の措置の予算を含む。他は通常分のみ。

た補助金により，どの地方にも必要な国としての最小限の公共サービス（たとえば，義務教育など）の提供が可能になっています。[6]　第3に多いのは公共事業関係費6.9兆円（6.8％）です。これは主に地方公共団体の社会資本整備などのための交付金である社会資本総合整備事業費，道路整備事業費，治山治水対策事業費，公的賃貸住宅への家賃補助などからなる住宅都市環境整備事業費，農林水産基盤整備事業費などです。[7]　第4に多いのは文教及び科学振興費5.6兆円（5.5％）です。この中には公立学校法人運営費や私立学校への助成費，公立義務教育学校の教職員給与の一部負担（平成18年度より従来の1／2から1／3に減額），および科学技術振興費が含まれます。[8]

---

[5]　一定割合は地方財政の財源不足に対処するため，引き上げられてきました。所得税及び法人税，並びに酒税の一定割合が現在の割合になったのは2015（平成27）年度からです。

[6]　具体的には各自治体の基準財政需要額を算定し，基準財政収入額との差を交付税として交付します。特別の財政需要がある場合には，特別交付税が交付されます。基準財政収入が基準財政需要を上回る東京都の特別区（23区）や武蔵野市・三鷹市などは交付税が交付されない，不交付団体となっています。

[7]　公共事業関係費の内訳は地方公共団体の社会資本整備などのための交付金である社会資本総合整備事業費1.9兆円（1.9％），道路整備事業費1.4兆円（1.4％），治山治水対策事業費0.9兆円（0.9％），住宅都市環境整備事業費0.6兆円（0.6％）農林水産基盤整備事業費0.6兆円（0.6％）等となっています。

112

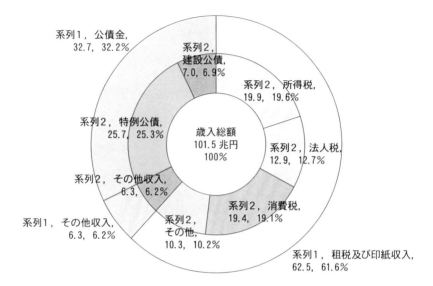

図6-2　2019（令和元）年度の一般会計歳入総額

　政府の歳出で第5に多いのは防衛関係費5.3兆円（5.2％）です。防衛関係費は1976年度以来「対 GNP 比1％枠の原則」が設定されており，ほぼこの原則が守られてきています。[9)]　その他10.1兆円（10.0％）の歳出項目の中では食料安定供給関係費1.0兆円（1.0％）が最大で，他はそれを下回ります。[10)]　以上の歳出項目のうち国債費と地方交付税交付金等以外の項目が政策的に支出される部分で，一般歳出とよばれます。

　日本国政府の歳入は図6-2に示すように，租税および印紙収入が62.5兆円（全

---

8)　公立大学法人運営費や私立学校振興費などの教育振興助成費2.4兆円（2.4％），義務教育費国庫負担金1.5兆円（1.5％），および科学技術振興費1.4兆円（1.3％）です。科学技術振興費は重要課題に対応した研究開発などの推進を図るための国立研究開発法人等の経費などです。

9)　1％枠の詳しく説明については井堀利宏著『要説：日本の財政・税制［改訂版］』，税務経理協会，平成15年7月，79-82頁，参照。防衛関係費の内，自衛官給与費1.4兆円（1.4％）と防衛本省共通費，地方防衛局，および防衛装備庁の人件費合計0.6兆円（0.6％）との合計2.0兆円は防衛関係費の38.6％を占めています。

10)　なお図6-1のその他には食料安定供給関係費以外にもエネルギー対策費，経済協力費，中小企業対策費，その他の事項経費6.8兆円（6.7％）が含まれます。

表6-4　2018（平成30）年度の政府部門の支出の内訳

支出項目	金額（名目，兆円）	割合（%）
政府部門総額	129.2	100.0
中央政府	22.3	17.3
地方政府	59.8	46.0
社会保障基金	47.2	36.7

出所：内閣府経済社会総合研究所『国民経済計算確報』平成30年度版，一般政府の部門別支出の最終消費支出，総固定資本形成，および在庫品増加の和により作成。

体の61.6%），公債金が32.7兆円（32.2%）で，借入への依存度が約3分の1にも達していることが大きな特徴です。

　さて，日本国政府の歳出は，それがそのまま国民経済計算の一般政府の中の中央政府の支出内容になるわけではありません。そのうちの約16%分は地方交付金などとして地方政府に委譲されますし，一般歳出の中にも国庫支出金として実際には地方政府で支出されるものを国が分担して負担しているものもあるからです。最終的に地方政府で支出されるものは，一般政府の中の地方政府の支出に割りあてられます。また，社会保障に支出される部分の多くは社会保障基金に分類されます。さらに，国債費は所得を移転するだけで，財貨サービスの支出に充てられるわけではありませんので，これも中央政府の支出にはなりません。これらのものを除いた分が中央政府の支出に計上されますので，結果的には，表6-4に示すように，22.3兆円，政府部門全体の支出額のなかの17.3%に限定されます。

（3）地方政府の歳出

　一般政府を構成する第2のものは地方政府です。地方政府は住民税や固定資産税などの地方独自の財源を持つと同時に，中央政府から交付税や補助金（国庫負担金）の形で財源を委譲されています。その結果，最終的に支出される額で見ると，地方政府の方が中央政府を上回るものになっています。2018（平成30）年度の一般政府支出129.2兆円のうち，中央政府の支出は22.3兆円（17.3%），

表6-5　2019（令和元）年度の地方財政計画（通常収支分）$

（単位：兆円）

(1)歳入	金額	割合%	(2)歳出	金額	割合%
総額	89.6	100.0	総額	89.6	100.0
地方税	40.2	44.8	給与関係経費	20.3	22.7
地方交付税，国庫支出金など国からの移譲財源*	34.0	38.0	一般行政経費	38.4	42.9
			公債費	11.9	13.3
地方債**	9.4	10.5	投資的経費など§	18.9	21.1
使用料および手数料	1.6	1.8			
雑収入	4.4	4.9			

§投資的経費13.02，維持補修費1.35，公営企業繰出金2.54，および不交付団体水準超経費2.03の合計

$通常収支分の他に東日本大震災分2.29兆円がある。

*地方交付税16.18兆円（以下同様），国庫支出金14.71，地方特例交付金等0.43，および地方譲与税2.71の合計。

**地方債のうち3.26兆円は臨時財政対策債で，後に地方交付税で返済されるものです。

出所：総務省自治財政局『平成30年度地方財政計画の概要』平成30年 2 月
　　　https://www.soumu.go.jp/main_content/000531537.pdf（2020年 1 月16日現在）

地方政府の支出は59.8兆円（46.0％）となっています。2019年度の地方財政計画の規模は表6-5に示すように，総額89.6兆円になります。歳出の主なものは給与関係経費20.3兆円（歳出の22.7％），一般行政費38.4兆円（42.9％），公債費11.9兆円（13.3％）などとなっています。歳入の内訳についてみますと，地方税は40.2兆円（44.8％）で，地方交付税等34.0兆円（38.0％）による国からの委譲財源を上回っています。地方政府の場合にも財源の不足分は地方債9.4兆円（10.5％）の発行によって埋め合わされています。

　この結果，国民経済計算上の地方政府の支出は59.8兆円（政府部門の支出全体の約46.0％）と最大になります（表6-4参照）。

（4）社会保障基金

　国民経済計算の一般政府を構成する第 3 の部門は社会保障基金です。93SNAの定義によりますと，社会保障基金は特定の社会的集団を網羅的に強制加入さ

せ，しかも，給付と負担との間に保険数理的な関係がない，各種社会保障制度からなる独立に組織された制度単位です。[11]　具体的には，社会保険特別会計（健康保険および厚生年金からなる厚生保険，国民年金，労働保険，船員保険），国民健康保険，老人保健医療，共済組合（国家公務員共済組合，地方公務員共済組合など），および2000年度から始まった介護保険などから成り立っています。社会保障制度の中には健康保険や老人医療保険などのように現物で給付されるものと，厚生年金や失業保険のように現金で給付されるものとがあります。現金で給付されるものは所得の移転として扱われ，医療サービスのように現物で支給されるものは一般政府の最終消費支出として扱われます。[12]　最終需要項目の政府最終消費支出のなかに含まれるのは現物給付される部分だけです。年金のように現金で給付される部分は家計の可処分所得に振り替えられた上で，消費や貯蓄に当てられます。

　2018年度の社会保障基金の額は前出の表6-4に示すように，47.2兆円（政府部門の支出全体の約36.7%）で，中央政府の22.3兆円（17.3%）を上回っています。ところで，日本国政府は予算編成だけではなく，郵便局で集められた貯金や簡易生命保険などの使い方についても，財政投融資計画をたて，国会に提出します。

（5）財政投融資計画

　財政投融資計画は主に郵便貯金や簡易保険などを原資とする公的金融の体系で，日本国政府の予算と同様，国会での審議・議決を必要とします。財政投融

---

[11]　国民経済計算（System of National Accounts）の方法は国連が中心になって各国が共通して採用する基準を定めています。現在の体系は2008年の体系で，その基準改訂の年を頭につけて，2008SNA と呼ばれています。それ以前にも93SNA，68SNA，53SNA がありました。日本では2015年度（2011年基準改定値）に導入された2008SNA では R&D の資本化などが図られています。

[12]　健康保険を利用した医療サービスは，一般政府が支給するので，一般政府の最終消費支出になりますが，実際にそのサービスを現物で享受するのは家計であるため，93SNA では現実最終消費支出という概念が設けられ，家計の現実最終消費支出に含まれます。68SNA ではこの部分は家計への帰属計算が行われ，家計最終消費支出に含まれていました。詳しくは浜田浩児著『93SNA の基礎』東洋経済，2001年，125-138頁参照。

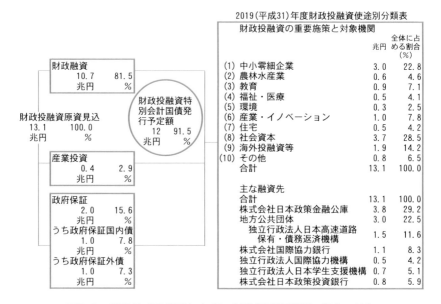

図6-3　2019（平成31）年度の財政投融資計画の資金の流れ

資は元々，郵便貯金や簡易保険などの資金を大蔵省（現在の財務省）の資金運用部が一定の利子率（例5.5％）で預かり，それを政策上必要とされる分野（例えば，住宅金融，港湾整備，高速道路整備など）に公的機関を通じて融資をしていたものです。民間では採算面から十分な融資が受けられない分野でも，国民経済的には必要な分野へ公的な枠組を使って融資を行なうということが趣旨でした。融資ですから，元本は利子とともに返済される性格のもので，支出されたら，それきりという政府支出とは性格が異なります。民間業者が供給できないものであっても，社会的視点からすれば，供給された方が好ましいという性格を備えた公共財や住宅建設などへの資金を政府の仲介によって公的金融機関などに供給してきました。

　2001年度以降は，上の制度そのものが大幅に改革されましたが，公的金融としての性格には変わりがありません。これまでの資金運用部は廃止され，代わりに財政投融資特別会計が新設され，財政投融資特別会計が国債（財投債）を発行して，郵便貯金，簡易生命保険などの資金を調達します。財政投融資計画

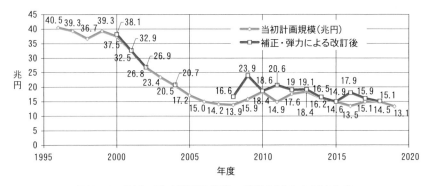

図6-4　最近の財政投融資規模の推移1996-2019年度

出所：財務省ホームページ，財政投融資，関連資料データより著者作成。
http://www.mof.go.jp/filp/reference/filp_statistics/gaku_suii.pdf（2020年1月16日現在）

の原資は図6-3の左側に示すように，3つの部分から成り立っています。第1は
財政融資で，2019（平成31）年度には10.7兆円で財政投融資計画全体13.1兆円の
81.5％を占めています。財政融資資金の資金調達のために財政投融資特別会計
国債12兆円の発行が予定されています。財政投融資計画の第2の原資は産業投
資ですが，少額です。[13]　第3の原資は，政府保証20兆円で，これは財投機関が発
行する債券の償還を政府が保証することで，資金調達を有利かつ円滑に進める
ものです。

　2019年度の財政投融資計画の規模は13.1兆円で，前年の15.1兆円から比13.2％
減で，1999年度の39.3兆円（それ以前のピークは1996年度40.5兆円）以来減り続
けていました（図6-4参照）。補正・弾力による改訂後の金額によると，リーマ
ン・ショックのあった2008年度と翌2009年度，および東日本大震災のあった後
の2011年度には増加しました。このような特別な場合を除けば政策的に融資を
行う必要性が低下してきているといえます。郵政事業も2003年度より独立法人
化されており，運用面でも自主的に運用する建前となっています。ただし，移
行措置として，2001（平成13）年度から7年間は財投債の一部を，郵便貯金や

---

[13]　これは国が保有するNTT株やJT株の配当や株式会社日本政策金融公庫等の納付金など
　　を原資とする産業投資特別会計が行う貸付ですが，3,172億円にすぎません。

年金積立金などが直接引き受けることとなっていました。財政投融資資金の融資先は公的機関に限定されています。その主な融資先区分は図6-3の右側に示されています。社会資本へ3.7兆円，中小零細企業へ3.0兆円，海外投融資等へ1.9兆円，産業・イノベーションへ1.0兆円などとなっています。[14]

アドバンス

政府の予算制約と累積赤字の問題

　年々の政府の予算では，税収などの歳入が減少する場合，国債を発行して民間から借入をして当座を凌ぐことができます。あるいは，より積極的に，公共財の建設を借入（いわゆる建設国債）によって行うこともあります。しかし，長期的に見ると，政府の国債による借入はかならず返済する必要があります。この返済の原資になるのは税金です。その裏付けがあるので，民間人も政府に債務不履行の憂いなく貸し付けることができます。しかし，借入金残高が増加すると，その利子の支払のための支出も増加します。その結果，借入金の返済や利子の支払のために，また借入を行うようにならないとも限りません。仮にそのようになった場合には，税収によって借入金を返済することは困難になります。そのような気配がでてくると，そのような政府の発行する国債の金利は上昇し，やがて，誰もそのような政府の国債を購入しなくなります。その結果，そのような政府は破産します。これまでに発行された国債の市場での価値も，急落します。つまり，政府は国債発行による借入を無制限に増加させることはできないということです。

　日本国政府の国債などによる借入金残高は，表6-6に示すように，2018年度末，2019（平成31）年3月時点で，1103兆円あります。さらに，地方政府の2018（平成30）年度末の借入金残高は196兆円に及んでいます。日本国政府の借入金残高と合計しますと，日本全体の政府の借入金残高は1299兆円で，国内総生産に対する比率は2.37倍になります。これを2019年3月末の日本の総人口1億2622万人で割ると，国民1人当たり1029万円になります。1家4人家族で，実に，約4117万円の負担になります。このような大きな額の日本の政府全体の債務を返済することができるのでしょうか。

　表6-6の（5）列の1994年度以降の推移を見ますと，国全体で借入金が国内総生産を超過し，（5）列の値が1を超えたのは1997年度，さらに，（1）列と（4）列を直

---

14)　具体的には株式会社日本政策金融公庫［国民生活金融公庫，農業漁業金融公庫，中小企業金融公庫，及び国際協力銀行が2008（平成20）年度に統合されて設立された］3.8兆円，地方公共団体3.0兆円，独立行政法人高速道路・債務返済機構1.5兆円，株式会社国際協力銀行1.1兆円，国際協力機構0.5兆円，日本政策投資銀行0.8兆円など，公庫，地方公共団体，独立行政法人，公的銀行などへの融資を行っています。

表6-6　政府の借入金残高の推移

(単位：兆円)

年度	①日本国政府	②地方財政	③政府借入金合計	④国内総生産	⑤政府借入金合計の国内総生産に対する割合，③/④
1994	292	106	398	496	0.80
1995	326	125	451	505	0.89
1996	355	139	494	516	0.96
1997	395	150	545	521	1.05
1998	438	163	601	511	1.18
1999	493	174	667	507	1.32
2000	538	181	719	528	1.36
2001	607	188	795	519	1.53
2002	669	193	862	515	1.67
2003	703	198	901	518	1.74
2004	782	201	983	521	1.89
2005	827	201	1028	526	1.96
2006	834	200	1034	529	1.95
2007	849	199	1048	531	1.97
2008	846	197	1043	509	2.05
2009	883	198	1081	492	2.20
2010	924	200	1124	499	2.25
2011	960	200	1160	494	2.35
2012	992	201	1193	494	2.41
2013	1025	201	1226	507	2.42
2014	1053	201	1254	518	2.42
2015	1049	199	1248	533	2.34
2016	1072	197	1269	537	2.36
2017	1088	196	1284	548	2.34
2018	1103	196	1299	548	2.37
2019	1111	194	1305	559	2.33

注1：借入金残高は年度末の残高。地方財政の借入金残高は地方債残高＋公営企業債務残高（普通会計負担分）＋交付税特会借入金残高（地方負担分）の合計。国内総生産は各年度の名目額，いずれも兆円以下は四捨五入。2019年の日本国政府の借入金残高値は10月末現在。また、2019年度の国内総生産は2019年7－9の季節調整値。地方財政の2019年度の値は政府見通しによる。

出所：日本国政府の借入金残高は日本銀行の長期統計，地方財政の借入金残高は総務省『地方財政の借入金残高の状況』
https://www.soumu.go.jp/main_content/000544455.pdf（2020年1月17日現在）

接比較すると，日本国政府については2000年度に借入金がGDPを上回ったことがわかります。1994年度の国全体の債務比率は0.80に過ぎませんでしたので，国全体

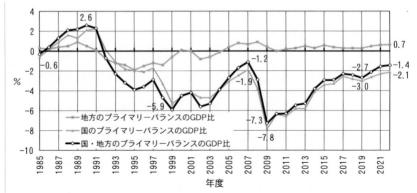

図6-5　国・地方（SNA ベース）のプライマリーバランス
（基礎的財政収支）の対 GDP 比%

出典：2017年度以降は、「中長期の経済財政に関する試算」（平令和元年 7 月31日　内閣府）2002-21
　　　年度は https://www5.cao.go.jp/keizai2/keizai-syakai/shisan.html（2020年 1 月16日現在）の excel
　　　形式の表による。復旧・復興対策の経費及び財源の金額を除いたベースのベースラインケー
　　　ス。2001年度までは以前の『国・地方の基礎的財政収支の推移』による。グラフについては財
　　　務省『日本の財政関係資料』令和元年10月，18頁，15. 財政収支・プライマリーバランス対 GDP
　　　比率の推移，参照。

の債務がいわゆるバブル崩壊後の経済低迷の中で，とりわけ，1997年度以降急速
に，債務が増加したことがわかります。借入金をわずかずつでも返済できるために
は，国債以外の税収などの歳入と国債費以外の歳出との差，すなわち，**プライマリー**
バランス（PB，基礎的財政収支）が黒字になる必要があります。2019（令和元）年
度の予算では，日本国政府のプライマリーバランスは，[公債収入以外の税収などの
歳入62.5兆円]－[国債費以外の歳出77.9兆円]＝－15.4兆円です。つまり，日本国政
府の債務は2019年度には実質的に15.4兆円増加することになっています。国と地
方のプライマリーバランスの合計（SNA ベース）の国内総生産に対する比率の推移
が図6-5に示されています。2004年度以降景気回復による税収増加と歳出削減に
よって改善し，2007年度には－1.2％になりました。しかし，2008年 9 月のリーマ
ン・ショック後赤字幅は拡大し，2009年度－7.3％，となりましたが，以降は景気
拡大による増収により，PB も改善し，2019年度－2.7％となりました。まだ，この
割合で日本の政府全体の債務が増加しています。振り返って見ますと，1992年度よ
りプライマリーバランスは赤字になり始めたことがわかります。プライマリーバラ
ンスの回復のためには，国内総生産の増加などによる税収の一層の増加，および歳
出の削減が必要です。日本政府は2027年度までにプライマリーバランスを黒字化
させることを目標としていますが（「中長期の経済財政に関する試算」令和元年 7 月
31日経済財政諮問会議提出，資料 3 - 2 ），なお社会保障制度の大幅な見直しなどを

含む抜本的な改革が必要です。

アドバンス2

アベノミクス

　安倍晋三首相が推奨したデフレーションからの脱出のための経済政策のパッケージはアベノミクスと呼ばれ，2012年12月26日に成立した第2次安倍内閣によって実行に移されています。次の3本の矢からなります。
1）大胆な金融政策
2）機動的な財政政策
3）民間投資を喚起する成長政策
　いわゆるバブル経済の崩壊後「失われた20年」と呼ばれている経済低迷（デフレーション）から脱出するためには上の3つの政策を合わせて実行することが必要であるとの認識に立つものです。このようにいろいろな政策を合わせて実行することをポリシー・ミックスと呼びます。3本の矢はアベノミクスと呼ばれていますが，ポリシー・ミックスの好例になります。経済の安定と経済の成長を金融政策と財政政策によって実行するだけでなく，規制緩和により資源の効率的配分を促進し，民間設備投資を拡大するための成長戦略も併用されています。
1）大胆な金融政策では2％のインフレ目標（2013年1月22日の「デフレ脱却と持続的な経済成長の実現のための政府・日本銀行の政策連携について（共同声明）」において設定）を実現するために，2013年4月4日に量的・質的金融緩和と呼ばれる大幅な金融緩和が実施されています。
2）機動的な財政政策では，10兆円規模の経済対策を実行して東日本大震災からの復興事業と2014年4月の消費税の5％から8％への引き上げに伴う消費需要の減少を補うために5兆円規模の経済対策と1兆円規模の税制措置を実行しています。
3）民間投資を喚起する成長戦略では，規制緩和等によって資源配分の効率化を図り，民間設備投資を拡大して国内の経済成長の増進を図ることを意図しています。具体的には法人税率の引き下げ，TPPによる輸出入・海外からの直接投資の拡大，女性労働力を含む人材活用などを意図しています。

本章のまとめ

1. 政府は市場経済メカニズムを補完する重要な5つの役割, すなわち, 市場経済秩序の維持, 資源の効率的配分, 社会保障を含む所得と富の再配分, 経済の安定, および経済の成長, を主導する役割を果たしています。
2. 日本国政府の予算は, 8月末までに各省庁から概算要求が出され, 政府最終案は12月中に閣議決定され, 翌1月中に国会へ提出され, 審議・議決されます。
3. 「国民経済計算」の一般政府は, 中央政府, 地方政府, および社会保障基金からなり, 支出規模で最大のものは地方政府で過半を占め, 次いで, 社会保障基金, 中央政府の順となっています。
4. 財政投融資計画は郵便貯金や簡易保険などの資金を利用して, 道路, 港湾などの公共財や住宅などへの融資のため, 公的機関へ融資される公的融資制度です。民間の融資を補完する政策的な融資であり, 日本国政府の予算と同様, 国会で審議・議決されます。

■その他のキーワード■

公共財 私的には供給されがたいが, 住民全体にとっては供給された方が望ましい公共的な性格の財で, 道路, 橋, 公園, 防衛など。公共財は非競合性と非排除性という性格を持つ。

外部性 財・サービスの生産がその財の取引や消費とかならずしも関係のない第3者に市場を介さないでおよぼす効果のこと。

プライマリーバランス 基礎的財政収支, 国債以外の税収などの歳入と国債費以外の一般歳出との差。

《練習問題》

問1：港湾建設と運営を民間企業に委ねた場合, 民間企業はその建設代金を港湾の利用者から回収する必要がありますが, そのためにはどのようなことが必要ですか。

問2：社会保障制度は社会保険料の強制的な徴収を前提としていますが, これを自由契約に変えた場合, どのようなことが予想されますか。国民年金制度を例にとって, 自分がとる行動を考えながら, 予想を立ててみましょう。

問3：一般政府を構成する3部門を示し, 最も支出ウェイトの高い部門と, 最も支出ウェイトの低い部門を示しなさい。

問4：財政投融資計画の役割について述べなさい。ただし, その最も重要な原資を指摘し, 重要な投融資目的を指摘すること。

第7章

働き方について考えてみよう

　日本は，少子高齢化がさらに進展する中で深刻な人手不足に陥っています。2019年4月から「働き方改革」が本格実施され，長時間労働の是正などの労働環境改善に加えて，高度プロフェッショナル制度や同一労働同一賃金など，グローバル時代の働き方を提唱しています。世界に広がる失業や就職氷河期世代と非正規雇用などとあわせて，働き方の課題を考えてみましょう。

🖊 本章で学習すること

1. 統計上の失業者とはどのように定義されるか，経済政策で重視される完全雇用と失業の関係を学びます。また日本の失業率の問題点を指摘します。
2. セーフティーネットである失業給付を含めた雇用保険のしくみを概観します。
3. 日本のいわゆる「終身雇用」は変化しつつあり，若年社員の転職や非正規労働者の増加，女性や外国人労働者の活用など，雇用は流動的になっています。

1．失業と完全雇用

（1）完全失業者（率）

　ニュースに頻繁に現れる失業者（率）は正式には完全失業者（率）と呼ばれ，多くの先進諸国で政府機関から毎月調査・公表されています。失業率は，その国の景気を表す重要なものさしの1つです。完全失業者の定義は国によって若干異なりますが，基本的に国際労働機関（International Labour Organization 略して ILO）の基準が採用されています。表7-1は，日本の総務省による区分です。

表7-1 完全失業者の分類と人数（2019年8月（単位：万人））

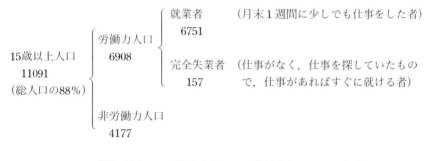

```
                        ┌ 就業者        （月末1週間に少しでも仕事をした者）
              ┌ 労働力人口 │  6751
              │  6908    │
15歳以上人口 ─┤          └ 完全失業者    （仕事がなく，仕事を探していたもの
  11091      │              157          で，仕事があればすぐに就ける者）
(総人口の88%) │
              └ 非労働力人口
                 4177
```

労働力率………労働力人口÷15歳以上人口×100（%）　　62.3%
完全失業率………完全失業者÷労働力人口×100（%）　　2.3%

出所：総務省　労働力調査（基本集計）2019年（令和元年）8月分（2019年10月1日公表）』
　　　http://www.stat.go.jp/data/roudou/sokuhou/tsuki/index.html（2020.1.10現在）

　15歳以上人口のうち，実際に働いている就業者と，就職を希望して探しているにもかかわらず仕事に就けない完全失業者をあわせて労働力人口，それ以外を「非労働力人口」と呼びます。過去の求職活動の結果を待っている人も，完全失業者に含まれます。完全失業率は，完全失業者が労働力人口に占める割合をさします。労働力人口と非労働力人口の違いは，働く意思を表明しているかいないかの差で，個人の選択によるものです。[1]

　景気の変動は，人々の職探しにも影響します。景気が悪く適当な仕事がありそうにないと判断すると，職探しをあきらめてしまう人が出てきます。『労働力調査』（総務省，2018年平均）[2] によると，求職をあきらめる理由として「出産・育児のため」とした者が76万人と多く，女性にこの傾向が強いとされています。「仕事を探していた」という条件を満たしませんので完全失業者として扱われず，「求職意欲喪失者」（潜在失業者）と呼ばれます。そのため不況期にこのよ

---

[1]　給付手当のための失業の認定は，本人が求人者に面接したこと，公共職業安定所，職業紹介事業者等から職業を紹介され又は職業指導を受けたこと，その他求職活動を行ったことなどを確認して行われます。

[2]　就業希望者は男性116万人，女性303万人。

男性労働者

女性労働者

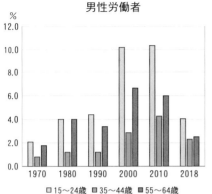

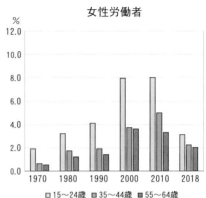

図7-1　年齢別・性別失業率の推移

出所：総務省　労働力調査　長期時系列データ　「長期時系列表 3 (9)年齢階級（10歳階級）別完全失業者数及び完全失業率－全国」より
　　　http://www.stat.go.jp/data/roudou/longtime/03roudou.html（2020.1.10現在）

うな人々が増加しても，統計上は失業率はあまり変わりません。日本では潜在失業者の数が極めて多いといわれています。

　失業率は，年齢や性別などで異なり，近年多くの国で若者の失業が社会問題になっています。図7-1は，日本の失業率を性別・年齢別に比較したものです。一目で，15〜24歳の若者男性の失業率が高く変動が大きいことがわかります。特に1990年過ぎに著しく増加し，2010年には10％近くに急上昇し，就職氷河期世代と言われました。その後2018年には 4 ％に戻っています。男性は30歳台後半から40歳代前半が，女性は50台の失業率が低いです。

　完全失業率以外にも，労働市場の「人あまり」を示す目安として有効求人倍率があります。仕事を探している人（求職者）1 人にたいして，何件の求人があるかという比率です。値が 1 を下回ると求職より求人が少ないことを意味し，「人あまり」の状態を表しています。日本の有効求人倍率は，第 1 次石油ショック直前の1973年に1.76倍を記録しましたが，2002年には0.54倍まで低下し，景気拡大と団塊世代の大量定年のため，2006年には1.06倍に回復しました。リーマン・ショックの後，2009年には0.48に低下しましたが，その後の景気回復をうけて，2019年11月には1.57倍（新規求人倍率は2.32倍）と1992年 3 月の1.09倍以来

126

の高水準になっています。(『職業安定業務統計』厚生労働省，季節調整済値)。

（2）各国の完全失業率の推移

　各国の失業率を比較しましょう。図7-2をみると，1980年代には日本の失業率
は2％台を推移していました。いわゆるバブル経済が崩壊した1991年から失業
率は増加しはじめ，1997年から急上昇して一時5％を超えましたが，近年再び
2％台に戻っています。アメリカとイギリスの失業率は水準が高く変動が激し
いものの，1993年ごろから着実に減少し，1999年以降は日本の失業率を一時的
に下回りました。リーマン・ショックによる世界的不況のため2008年から急激
に悪化しその後また下落しています。フランスは，12％程度の高い失業率にあ
えぎ，近年世界的好景気で他国の率が下落する中で，失業率は高止まりしてい
ます。

　なぜ，アメリカのように失業が解消されつつあった国と，フランスのように
高い失業率が持続する国があるのでしょう。失業率の高さを問題にするとき，
雇用調整のしくみや労働者の賃金も同時に考慮する必要があります。アメリカ
では，レイオフなど集団解雇制度などのため雇用の産業間移動がすすみ賃金が
低下して，低賃金のサービス産業の雇用が増大し失業が減少したのです。一方
フランスやドイツでは，就業者の賃金は上昇し景気は回復していますが，厳し
い解雇規制のため雇用は増えていません。これを「ジョブレス・リカバリー」
(雇用なき景気回復)といいます。つまり，現在の賃金が高すぎるため失業が解
消しないのです。オランダの失業率は「オランダ・モデル」と呼ばれるワーク
シェアリングの導入で劇的に改善し，先進国の中でも低くなっています。

（3）完全雇用と非自発的失業

　次に，マクロ経済モデルで重要な「失業」について考えてみましょう。マク
ロ経済政策の目的の1つは，「完全雇用」を実現することです。完全雇用とは，
「現在の賃金のもとで働きたいのに働けない」という非自発的失業者がいない状

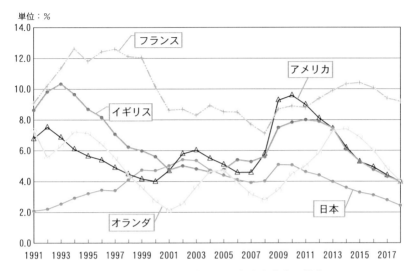

図7-2　日本と欧米主要国の完全失業率の推移

出所：世界の失業率 国別ランキング・推移（ILO）

https://www.globalnote.jp/post-7521.html（2020.1.10現在）

態を指します。政策当局は，さまざまな政策を実施して，このような非自発的失業を解消しなければなりません。「現在の賃金では働きたくない」という人たちは，自発的失業者と呼ばれます。自らの意思で働かないのですから，政策当局が市場に介入してまで解消する必要はありません。

　そのため，統計上の「完全失業者」と，完全雇用が達成されていないときの非自発的失業者は一致しません。第一に，完全失業者には，自発的失業者と過去の求職活動の結果を待っている者も含まれます。第二に，非自発的失業者でも求職をあきらめた求職意欲喪失者は，完全失業者とみなされないからです。したがって，完全雇用が達成されていても，自らの意思で働かない自発的失業や転職の過程で情報不足のために発生する摩擦的失業は存在します。

　失業は，そのほかにも，性質の違いから分類されることがあります。ミスマッチ失業とは，経済構造の変化のために職を失い，持っている技能などから就職が困難な構造的失業を含みます。現在「年齢や仕事内容があわない」というミスマッチのために仕事が見つからない人が多く，2％台前半の完全失業率のう

ち，約8割がミスマッチ失業率とされています。職種や年齢，技能，勤務地などの条件面で企業と求職者の希望が合わないため，景気が好転してもなかなか改善されないという特徴があります。

アドバンス

ミスマッチ失業

　雇用のミスマッチを調べる手法に「UV分析」があります。失業と人材の不足（欠員）の組合せを観察したもので，失業率（unemployment rate）を縦軸，欠員率（vacancy rate）を横軸にとって両者の関係を見ます。それぞれの頭文字をとってUV曲線といわれます。

　図7-3は，1967年から2014年にかけての，日本のUV曲線です。図の各点は，各年の失業率と欠員率の組合せを示しています。45度線の線上では，失業率Uと欠員

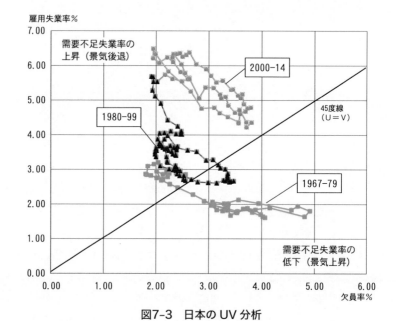

図7-3　日本のUV分析

注：雇用者失業率＝100×完全失業者数÷雇用者数
　　　欠員率＝100×（有効求人数−就職件数）÷（有効求人数−就職件数＋雇用者数）
出所：総務省「労働力調査」，厚生労働省「職業安定業務統計」より，内閣府「経済白書」
　　　平成12年版の方法で筆者作成。

率Vの値が等しくなっていますから，失業があってもそれと同じくらいの人材が不足していることになります。失業と欠員が等しいときの失業率を均衡失業率と呼びます。「適材適所」とはいかず，ミスマッチ失業や摩擦的失業が発生しているのでしょう。45度線より左上では，失業率が欠員率より高くなりますから，ミスマッチ失業や摩擦的失業以外にも失業の原因があるのでしょう。1990年代から，点の集まりが全体として右上に移動しているように見受けられます。これは，失業率が増加しただけでなく，ミスマッチ失業が増加していることを意味します。

2．雇用保険と失業給付

　失業者は，どのようにして生活を支えているのでしょう。総務省『就業希望状況調査』によれば，2002年10・11月期の完全失業者349万人のうち，172万人は収入がありません。世帯主が完全失業者である90万世帯の主な収入構成をみると，「雇用保険（失業給付）」が28.6％，「年金・恩給」が26.8％，「預貯金など財産の取り崩し」14.3％と，雇用保険の割合が高くなっています。このように失業給付は，まさに働く者のセーフティーネットなのです。

（1）雇用保険の概要

　失業給付制度は「失業保険」と呼ばれることがありますが，正確には雇用保険という大きな枠組みのなかの一部です。雇用保険は政府が管掌する強制保険制度で，表7-2のように，雇用を安定させる目的でさまざまに利用されています。失業したときの給付や職を探すための支援が主な役割ですが，現在の雇用を維持する目的のものもあります。雇用保険法では，①所定労働時間が週20時間未満の者，および②同一事業主の事業に31日以上継続雇用されることが見込まれない者は，被保険者に該当しません。

　重要なことは，失業給付はあくまでも「保険」だということです。雇用保険に加入して保険料を支払っていないと，失業しても原則として給付は受けられません。また受け取り期間も退職理由や保険の加入期間などによって異なるの

表7-2　雇用保険制度の概要（体系）

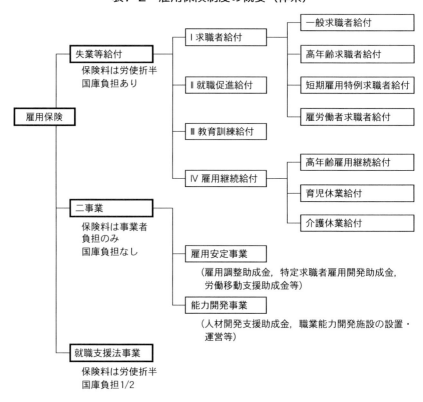

出所：『保険制度の概要』より
　　　厚生労働省　https://www.mhlw.go.jp/content/12602000/000544016.pdf
　　　（2020.2.19現在）

です。基本手当の日額は，受給資格者の年齢と受け取っていた賃金日額（退職
前6ヶ月間のボーナスを除く賃金を180日で割った額）に応じて計算されます。
雇用保険に加入していた期間が10年未満で30歳未満の労働者がリストラなど
の会社の都合で失業したときは，賃金日額の50〜80％が120日間支給されます。
（ただし手当には年齢別上限があり，2018年8月現在で30歳未満は6,750円/日で
す。）
　求職者給付は，表7-2のように働いているときに事業主と被保険者が負担す

る保険料と、国庫負担で支えられています。リーマン・ショック以降の急激な雇用情勢の悪化を反映し、失業給付の受給者数が増加して、雇用保険財政は悪化しました。しかし景気回復と失業率の低下をうけて一般求職者給付の受給者数は2012年から減少しています。

（2）教育訓練給付金

　再就職する場合、必要な技術を身につける必要があるでしょう。日本では戦後いわゆる「終身雇用制」（後述）が支配的で、必要な技能は職場で習得する傾向がありました。このような訓練を On the Job Training（略して OJT）と呼びます。しかしミスマッチ失業が深刻になる中、失業者は自分自身で技能を身に付けなければなりません。専門実践教育訓練給付金であれば、2018年の改正で、一定の要件を満たせば、受講者が支払った教育訓練経費の50％が6カ月ごとに支給されます。支給上限額は年間40万円(資格取得等をした場合は56万円)です。

　認められるための要件は、雇用保険の支給要件期間が3年（初めて教育訓練給付金を受ける場合は2年）以上ある場合などで、若者離職者がこの制度を利用できるよう適時改正されています。

　若年失業者の再雇用のため、欧米諸国ではどのような対応が取られているのでしょうか。一般的に若年失業の特徴として、次の3つが指摘されています。
(1)　不況になると熟練度が低いため、採用は抑制されて失業率が高くなります。
(2)　失業が一部の者に集中します。このような労働者は失業と就業を繰り返し、やがて長期失業者になっていく傾向があります。
(3)　若年期の失業や入職過程の違いが、その後の就業や賃金に影響します。若年労働者が最初に失業を経験すると、職場を通じた技能向上の機会を逃すため、その後の賃金などで不利益を受けることになります。
　欧米諸国では、技能育成を目的とする対策がとられてきました。アメリカでは、学生向けの長期インターンシップ制度のほかに、コミュニティー・カレッジが、いったん社会に出て就職した人たちにも職業能力を高める機会を提供しています。ドイツでは、デュアルシステムという職業訓練制度が導入されています。[3] 日本政府も、これら各国の制度にならい、「日本版デュアルシステム」や「若者チャレンジ訓練」を取りまとめ支援体制を整備しています。

（3）育児・介護にかかる休暇と休業および給付金

　雇用保険には，失業したときのサポートだけでなく，現在の雇用継続を支援するものもあります。近年，女性の社会進出が進み，2010年には就業者がいる夫婦世帯に占める共働き世帯の比率は64.6％で着実に増加しています（『国勢調査』総務省）。また，親世代の介護をしながら働く状況が珍しくなくなっています。このように少子高齢化が大きな社会問題となる中，家庭と仕事の両立をサポートするため，休暇と休業の制度が設けられています。

　労働基準法によると，「休暇」は本来労働義務がある日に，会社側の許可によって労働者がその義務を免除される日で，「休業」は休暇を連続して取得するもので，会社が手当てを支払う必要がある場合もあります。

　1歳未満の子を養育するために育児休業を取得する場合，一般被保険者（パートタイマーを含む）で一定条件を満たすなら，産後休業期間（出産日の翌日から8週間）が終了した次の日から子が1歳に達する前日まで，休業開始時の賃金日額×支給日数の67％が原則支払われます。「パパママ育休プラス制度」を利用した際は，育児休業取得可能期間の延長が可能です。また家族のために介護休業を取得する場合，一般被保険者が一定の条件を満たすなら，休業開始時点の賃金月額67％が1人の家族当たり最大93日支給されます。

　イクメンは増えるのでしょうか。
　2013年安倍政権の成長戦略では「女性の活躍推進」のため2020年までに男性の取得率を13％にすることを目標としています。しかし女性の取得率は83.2％，男性は5.14％です。（2017年度・雇用均等基本調査結果）このように子どもを持つ家族へのサポート体制へのニーズは高いものの，育児休業給付だけでなく職場の理解を高めるなど，利用しやすさを高める必要があります。

---

3)　職業学校における職業訓練と，企業における職業訓練を組み合わせた制度です。教育期間は通常16〜19歳で，訓練生は生徒であると同時に訓練契約により企業に雇用され賃金が支給されます。訓練から労働への移行がスムーズに行われるという利点がありますが，最近では多くの問題もでてきています。

　フランスでは，最長３年間の育児休業制度が設けられていますが，休業中は原則として無給です。オランダでは，期間３ヶ月程度でその間無給ですが，比較的男性の取得割合が他国より高くなっています。このように，少子高齢化に悩む国々で育児休業などの制度が進められていますが，その内容はさまざまです。

3．日本の雇用慣行の変化

（1）非正規労働者の拡大と同一労働同一賃金

　日本の雇用慣行の特徴は「終身雇用制」「年功序列賃金」「企業別労働組合」の３点セットといわれ，戦後大企業の男性労働者に顕著でした。従来，多くの男性サラリーマンは，新卒で企業に就職すると，企業内で経験をつみ技術を身につけ定年まで働きました。賃金も，勤続年数に応じて着実に増加し，定年時に退職金を受け取りました。労働組合も，産業横断的な欧米と異なり，ほぼ企業ごとに組織され，経営者と労働組合は協力して1970年代の石油ショックなど変化する経済環境に対処してきました。

　しかし，国際競争が激化する中，企業は人件費削減のため正社員の採用を抑制する傾向にあります。『労働力調査』（厚生労働省）によると，企業は1999年から正社員の増加を抑えパート・アルバイトを増加させ，2017年にはこれら非正規労働者の比は37.3％を超えました。（図7-4参照）。この傾向は，特に大企業で顕著です。また，平均勤続年数は，平均年齢上昇のため全体として長期化しています。年齢階級別にみると，定年年齢の引上げ等を背景に50歳代以降は勤続年数が長期化する一方，30歳代以下では転職者の増加等により勤続年数は短期化しています。このことから，従来のように定年まで勤務する終身雇用型のグループは減少しています。多様な働き方を支えるため，雇用のタイプにかかわらず，同じ職務で同程度のスキルと責任であれば，EUのように同一労働同一賃金とすることが求められています。また働きすぎをを是正するため，時間労働の上限規制に罰則が設けられました。

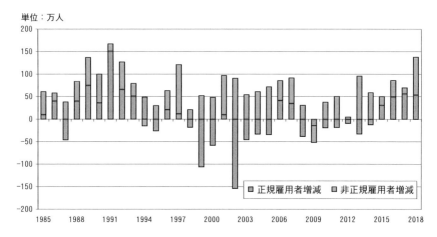

単位：万人

図7-4　雇用者数の増減（正規社員，非正規社員別）

注：非正規雇用者には，パートアルバイトのほか，派遣社員と契約・嘱託社員が含まれる。

出所：2013年以降は総務省「労働力調査」（基本集計，年平均），2002年以降2012年までは総務省「労働力調査」（詳細集計，年平均），2001年以前は同「労働力調査特別調査」（2月）
https://www.jil.go.jp/kokunai/statistics/timeseries/html/g0208.html（2010.1.10現在）

> **チョット　考えてみよう？**　ニュースで話題になる非正規労働者と就職氷河期世代とは，どのような人びとでしょうか。
>
> 　厚生労働省によると「勤め先での呼称が「パート」「アルバイト」「労働者派遣事業所の派遣社員」「契約社員」「嘱託」「その他」である者」とされています。派遣社員（ならびに嘱託職員の一部）以外は，勤め先と労働者が直接に期限付きの雇用契約を結んでいます。アルバイトは，雇用契約書が渡されず時給制である場合が多いですが，契約社員は月給制が比較的多くなっています。派遣社員は，労働契約を結んでいる派遣会社から賃金を受け取り，派遣先企業の指揮命令を受けて労働に従事します。
>
> 　一部の非正規の仕事には，短時間勤務で時間帯を自由に設定できるメリットがありますが，正社員になれずに仕方なくという「不本意非正規」の労働者も非正規雇用労働者全体の13％程度です（総務省『労働力調査（詳細集計）』2018年第1四半期）。非正規雇用の場合，雇用が不安定である以外に，賃金は正社員より低く（25－29歳で80％，50－54歳で50％），能力開発機会が乏しいことが問題になっています。（厚生労働省「賃金構造基本統計調査」平成25年）
>
> 　「（新）就職氷河期」とは，バブル崩壊後やリーマン・ショック，東日本大震災などにより日本で就職が困難になった時期をさします。当時新卒だった30歳代後半か

ら40歳代の人々には，現在ニートや非正規労働者として不利な雇用環境にある方も多く，「8050問題」という80歳代の親が50歳代の子供の生活を支える状況など，大きな社会問題になっています。

（2）働き方の変化とグローバル経済

　賃金はおもに，所定内賃金と，残業などに支払われる所定外賃金，そして社会保険料などの福利厚生費で構成され，いずれも構造的に大きく変化しています。

　日本の所定内賃金は，終身雇用制をサポートするための「年功序列賃金」の傾向が強いと指摘されてきました。年功序列賃金とは本来，企業内の勤続年数（「年」）によってたかまる熟練度（「功」）で賃金が決定される仕組みです。つまり年功給は，職能によって賃金が決まる職能給なのです。しかし終身雇用制のため，ほとんどの社員の勤続年数が年齢と比例していることと，各社員の功績を判断する難しさなどから，年功給が実質的に年齢給になっていた企業も多くあり，従業員が高齢化するなかで後世代ほど賃金が抑制される傾向にあり，労働意欲を阻害すると指摘されました。

　なぜ年功と年齢は混同されてしまうのでしょう。能力を図るには，客観的で透明な基準が必要です。現在多くの企業で，人事考課制度や各種の外部資格試験などで能力を測る基準づくりが進められています。しかし実際には，他人の仕事ぶりを客観的に簡易な方法で評価することはかなり困難なのです。

　近年，勤続が長期化しても，その労働者の業績が必ずしも向上しないことが多くなってきました。グローバル経済のもとで企業も株主などから短期的な利益の向上を求められるようになり，労働者の勤務評価も現在の業績を重視する傾向が強くなったため，業績に応じて支払われる給与の割合を高める「成果主義」を模索する企業が増えています。成長のための規制緩和として，ホワイトカラーで高収入の労働者に希望に応じて労働時間の管理をしないという米国型の「高度プロフェッショナル制度」も始まりました。社宅に代表される手厚い福利厚生（フリンジ・ベネフィット）も，見直しが進められています。2019年

4月から改正出入国管理法が施行され，一部の業種で単純労働者の受入が始まりました。また，高度な技術を持つ外国人労働者の受入拡大も始まり，職場の多様性が進みます。

　経済のグローバル化が進むなか，労働者も，自分のことは自分で選択してリスクを負うという自立的視野が必要になっています。それにともなって，雇用関係の法律の整備や保険制度の重要性はますます高まっているのです。

アドバンス

インフレと失業のトレードオフ

　政策当局にとって，インフレの抑制と失業率の低下は，つねに重要な政策目標です。1958年経済学者フィリップスは，イギリスのデータを分析し，賃金上昇率と失業率が負の関係（トレードオフ）にあることを発見しました。この関係を図示した曲線は，**フィリップス曲線**と呼ばれています。賃金の上昇は，企業の費用増大につながり，インフレをもたらします。インフレを抑えようとすると失業率が高くなることを容認しなければならないわけですから，政策当局者は衝撃を受けました。
　図7-5は日本のフィリップス曲線で右下りの曲線が読み取れます。1970年代の石油ショック時には賃金が急騰してインフレーションが発生しました。1980年代後半のバブル期には，失業率が低く賃金は上昇しましたが，バブルが崩壊して失業率は高まり，賃金が下落していることがわかります。

　その後，1960年代のアメリカでこのトレードオフが崩れ垂直なフィリップス曲線が観察されたことから，アメリカのノーベル経済学者 M. フリードマンは，労働者の抱く将来へのインフレ予想が，このトレードオフに影響することを指摘しました。アメリカでは賃金が3年毎に改定されます。労働者にとって，受け取る賃金の大小が問題なのではなく，その賃金で将来どれだけ消費ができるかが重要です。同じ賃金でも，インフレが高いと予想すれば，生活が苦しくなると考えます。
　失業者が，今までより高い賃金を提示されたとします。（賃金率が上昇しますので，図7-6で縦軸の値が大きくなります。）彼は，インフレ率が変わらないと予想して，働くことにしたとしましょう。（失業者が減りますので，図の横軸の値が小さくなり，フィリップス曲線が右下がりになります。）1年たって，予想したインフレ率より，実際のインフレ率は高くなりました。賃金が高くなったので，企業が製品価格を引き上げたためです。労働者は，確かに高い賃金を受け取りましたが生活は予想に反して苦しくなってしまいました。労働者は自分のインフレ予想を高め

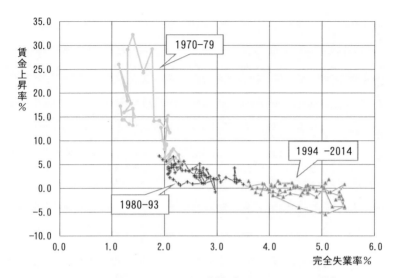

図7-5　日本のフィリップス曲線（1970－2014Ⅱ期）

注：賃金指数は現金給与額（総額，調査産業計，30人以上の事業所）。賃金指数と完全失業率はともに四半期平均値。
出所：完全失業率『労働力調査年報』総務省，賃金指数『毎月勤労統計』厚生労働省より筆者作成。
　　　http://www.stat.go.jp/data/roudou/sokuhou/tsuki/index.htm
　　　http://www.e-stat.go.jp/SG1/estat/GL08020102.do?（2014.12.26現在）

に修正し，働くことをやめるので，賃金上昇率は高いまま失業率は元に戻ります。
（右下りのフィリップス曲線は，上にシフトします。）このように期待インフレ率が
変わるたびに曲線はシフトし，長期的には垂直になります。

本章のまとめ

1．15歳以上人口のうち，実際に働いている就業者と就職を希望して探しているにもかかわらず仕事に就けない完全失業者をあわせて労働力人口，完全失業者が労働力人口に占める割合を完全失業率と呼びます。日本の失業率は2010年4月に最悪の5.4％に達しましたが，2019年12月に2.2％と大幅改善しました。

2．経済政策は「現在の賃金のもとで働きたいのに働けない」という非自発的失業者がいない完全雇用をめざします。非自発的失業者は，統計上の完全失業者と一部異なります。各国で労働者の技能と企業がもとめる技能が合致しない勤務地等希望が合わないというミスマッチ失業が増加しています。

3．失業者の生活は，雇用保険による失業給付制度によって支えられています。

　　ほかにも，教育訓練給付制度によって失業者の技能形成を支えていますし，女性の社会進出と高齢化に対処する育児・介護休業給付金制度もあります。
4．日本の雇用慣行の特徴は「終身雇用制」「年功序列賃金」「企業別労働組合」でしたが，派遣などの非正規労働者が増加し，多様な働き方を支援する同一労働同一賃金が法律で求められています。グローバル経済に対応するため，ホワイトカラー労働者に対するアメリカ型の規制緩和も導入されました。外国人労働者についても，高度人材の受入れや一部業種での単純労働者の受入れも始まっています。
5．「(新)就職氷河期」とは，バブル崩壊後やリーマン・ショック，東日本大震災など，日本で就職が困難になった時期をさします。新卒での正社員採用が困難だった30歳代後半から40歳代の人々は，ニートや非正規労働者として不利な雇用環境にあり，「8050問題」という50歳代の子供が80歳代の親に依存するなど大きな社会問題になっています。

── ■その他のキーワード■ ──

終身雇用制　新卒で企業に就職，企業内で経験と技術を身につけ，定年まで働く仕組みです。
年功序列賃金　勤続年数に応じて賃金が増加する仕組みで，定年時に退職金を受け取ります。
企業別労働組合　労働組合がほぼ企業ごと組織され，経営者と労働組合は協力して変化する経済環境に対処してきました。欧米の産業横断的な組織とは大きく異なります。

《練習問題》

問1：不況になると，企業は「希望退職」を募集します。退職金を割増することを条件に，退職希望者を募るのです。これに応じて退職し失業した人は非自発的失業者でしょうか。

問2：完全失業率は，潜在的失業や年金の有無，生活を支えてくれる家族の有無などにも影響されます。総務省統計局のホームページに『労働力調査』による最新の調査結果が掲載されています（http://www.stat.go.jp/data/roudou/index.htm）。年齢階級別完全失業率をしらべ，高齢者の失業率と若者の失業率を比較し，なぜ若者の失業率が高いか，高齢者の失業率が低いか，労働者の側と企業の側の両方から考えてみましょう。

海外にも目を向けてみよう

　現代の経済では為替レートは非常に重要な役割を果たしています。経済状況が為替レートに影響を及ぼし，為替レートの変動が経済活動に影響を及ぼすという相互作用をしています。国際的な視点なしに，現代経済の議論をすることはほとんど不可能です。本章の学習を通じて，国際感覚を磨いていく第一歩を踏み出してください。

🌿 本章で学習すること

1．為替レートの意味（円高や円安など）や外国為替市場の基本的なしくみを学習します。
2．国際金融取引で重要な役割を果たしている裁定取引の意味について学習し，具体的な事例を考えながら裁定の実際の方法と，裁定が市場に及ぼす効果を検討します。
3．裁定の応用として，購買力平価の考え方を導出します。
4．国際取引にはどのような種類があるのかを概観し，外貨の需給について整理していきます。
5．為替レートが輸出や輸入，直接投資などの経済活動に及ぼす影響について考察します。

1．外国為替市場と為替レート

　テレビのニュースなどを見ていると,必ずといってよいほど「今日の為替レートは， 1ドル119円です。 1ユーロ135円です」などと放送されています。これは，為替レートというものが日本にとって大変重要なものであり，多くの人々

図8-1　為替レートの推移（円/ドル）

出所：日本銀行ホームページ収録データより筆者作成
http://www.stat-search.boj.or.jp/index.html（2020.1.6）

に注目されているからです。実際，為替レートの変動は国全体の経済政策を決める上でも，企業がビジネスに関する意思決定を行なう上でも，非常に重要な役割を果たしています。まず，為替レートが変動する仕組みについて考えていきましょう。

　日本では，1949年から1ドル＝360円として為替レートを固定していました。このような制度を固定相場制と言い，「円はドルに対してペッグ（釘付け）されている」という言い方をしたりします。1971年のニクソンショックを契機として，1973年に為替レートが変動するようになりました。本格的な変動相場制（フロート制）時代の幕開けです。図8-1は1973年からの円（のドルに対する）レートの推移を示しています。すう勢としては円高傾向にありますが，これまでの間に非常に大きく変動していることがわかると思います。

　最初に為替レートの意味を理解し，円高や円安について感覚的に捉えられるようになることが大切です。1ドル当たり何円であるのかという数字を邦貨（円）建て為替レートと言いますが，この数字が大きくなるほど円安になったことを表します。つまり，1ドル＝120円から1ドル＝130円になった場合には，円安（ドル高）が進んだことになります。最初は少し解りにくいかもしれませんが，何も難しいことはありません。ドルを一つの品物と考えてください。例

えば1本の鉛筆の値段が120円から130円になったとしましょう。このとき鉛筆の値段が高くなったということは誰でもわかると思います。為替レートの場合も全く同じで，1ドル＝120円から1ドル＝130円になった場合にはドルというモノの（円に対する）価値が高くなったと考えて差し支えありません。ドルの価値が高くなったということは，相対的に円の価値が低くなった（円安）ということを表しているわけです。円高の場合はこの逆を考えればよいわけです。1ドル＝120円から1ドル＝110円になった場合にはドルが安く（円が高く）なったと考えることができるわけです。

2．為替レートと裁定取引の役割

　外国為替市場とは，異なる通貨を交換する場のことです。株式市場のような取引所が実際にあるわけではありませんが，電話やコンピュータによるネットワークを介して，頻繁に売ったり買ったりする取引が行なわれています。世界では，東京，ロンドン，ニューヨークなどの取引規模の大きな市場があり，それぞれ東京外国為替市場，ロンドン外国為替市場，ニューヨーク外国為替市場などと呼ばれています。これらの市場において決定されているそれぞれの通貨の交換比率を為替レートと呼んでいるわけです。先に述べたドルの邦貨建て為替レートは，円とドルの交換比率を1ドルが何円と交換されているかという比率で表示したものにほかなりません。為替レートは世界の市場ごとに何通りも存在するのでしょうか。

　ある日のある時刻にニューヨーク外国為替市場で1ドル＝100円だったとしましょう。同じ日の同じ時刻に，ロンドン外国為替市場で1ドル＝200円で取引されているということが起きるでしょうか。もし，このような状況であったとしたらどのようなことが生じるでしょうか。1ドルをロンドンで円に交換すると200円になります。200円をニューヨークでドルに交換すると2ドルになります。さらにその2ドルをロンドンで円に交換すると400円になります。このようにロンドンとニューヨークの為替レートが異なったままだと，ロンドンと

142

ニューヨークの間で資金を動かすことによって，際限なく確実な儲けを得ることができます。このような確実な収益機会を見逃さないような取引を，裁定取引と呼んでいます。裁定取引により，もしもニューヨークで1ドル＝100円，ロンドンで1ドル＝200円であった場合には，ニューヨークでは円を売ってドルを買い，ロンドンではドルを売って円を買うという取引が巨大な規模で生じます。その結果，ニューヨークでは円安ドル高が進行し，ロンドンでは円高ドル安が進行し，結局両方の市場は1ドルあたり100円から200円の間のどこかの水準で同一の為替レートになります。これらのことが非常に短い時間で（ほとんど瞬時に）起こるため，同じ時刻に複数の異なる為替レートが持続しているということはありません。外国為替市場では一物一価の法則が成立しているということになります。裁定取引の応用として次のような問題を考えてみましょう。

　東京外国為替市場である時刻に，1ドル＝120円，1ユーロ＝150円で取引されていたとしましょう。このとき，同じ時刻に1ユーロは何ドルで取引されているでしょうか。機械的に計算すると，1ドルが120円ですから，1円は（1/120）ドルになります。したがって，1ユーロは150円ですから，結局150×（1/120）＝1.25（ドル）が答えになります。一般的にいうと，ドルの邦貨建て為替レートが1ドル＝X円，ユーロの邦貨建て為替レートが1ユーロ＝Y円，ユーロのドル建て為替レートが1ユーロ＝Zドルとすると，

$$Z = \frac{Y}{X}$$

という関係があります。この例で，もし1ユーロが2ドルで取引されていたら（このときはZ＞Y/Xの状態になっています）どのような裁定取引が生じるでしょうか。確実に儲かる方法を考えてみてください。例えば，150円をまずユーロに交換すると（円売，ユーロ買）1ユーロになります。次にその1ユーロをドルに換えると（ユーロ売，ドル買），2ドルになります。そしてその2ドルを円に換えると（ドル売，円買）240円になります。つまり，150円から出発してユーロ→ドル→円と通貨を転がしていくだけで240円になり確実な利益を上げることができます。裁定は大変強力な市場の圧力を生み出しますから，実際にはこのような状態が継続することはありません。上に述べた裁定取引では，①

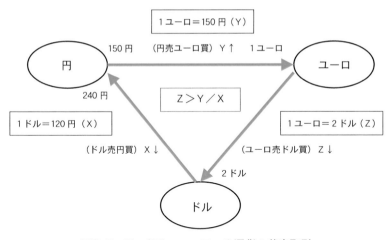

図8-2　円，ドル，ユーロ，3通貨の裁定取引

円売，ユーロ買，②ユーロ売，ドル買，③ドル売，円買，の3つの取引が組み合わさっていました。これらの取引は為替レートにどのような影響を及ぼすでしょうか。①の取引によって円安ユーロ高（Y上昇）が生じ，②の取引によってユーロ安ドル高（Z下落）が生じ，③の取引によってドル安円高，（X下落）が生じることになります。結局Z＞Y/Xという状態はすぐにZ＝Y/Xが成立するように修正されてしまうことが理解できるでしょう。

3．財の裁定と外国為替レート（購買力平価の考え方）

　頭を働かせるのが大変かもしれませんが，為替レートに関する裁定取引の話をもう少し続けましょう。前節では通貨の裁定について考えてきましたが，財は裁定取引の対象にはならないでしょうか。裁定取引は価格や収益率に差がある場合に，低い方から高い方に資金が流れ，結局高さが同じになるということを意味していますので，財についても同じように考えることができます。ただし，裁定が行ないやすい財とそうでない財があります。例えば，東京の金の価格が大阪よりも大幅に高いというようなことはありません。もしそうであれば，

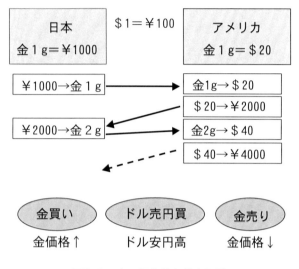

図8-3　金の価格差と裁定取引

大阪で金を買って東京で金を売れば（東京の金の価格が金の輸送費以上に高ければ）確実に儲かるからです。東京と大阪の金の価格がほぼ等しいのは，背後に裁定取引の圧力があるからです。それではトマトの場合はどうでしょうか。東京と大阪のトマトの価格が大きく違っていたとしても，裁定は簡単には行なわれません。大阪でトマトを買って東京で売ろうとしても，輸送の途中に腐ってしまったりして，大きな損失が発生する可能性があるからです。このように裁定が働くかどうかは，輸送費やリスクも含めた財の取引コスト次第だということになります。

　ところで，財の裁定は国際的な規模でも生じるでしょうか。金などの貴金属は十分に裁定の対象になります。金を例にとって簡単に説明してみましょう。日本で金1グラムの価格が1000円，アメリカで20ドルであったとしましょう。いま為替レートが＄1＝￥100であったとすると，確実に儲けられる方法があります。どうすればよいでしょうか。

　例えば，まず日本で1000円で金1グラムを買います。これをアメリカに輸送して売却します。そうすると20ドルで売れます。その20ドルを外国為替市場で

円に換えると，2000円になります。この2000円で，また日本で金を買います。金は2グラム買えます。このプロセスを際限なく繰り返せば，いくらでも儲けられることが理解できると思います。このプロセスの中で発生している取引は，日本での金買い，アメリカでの金売り，外国為替市場でのドル売円買の3通りです。多くの人が，多額の資金を使ってこのような取引を行なえば，結局日本の金価格は上昇し，アメリカの金価格が下落することになるでしょう。同時に為替レートは円高ドル安になります。日本とアメリカの金の価格が釣り合って，このような取引が起こらなくなるような状態（裁定の結果生じる状態）になるのは，取引コストの存在を無視すれば，次のような式が成立しているときだということになります。

$$（日本の金の価格）＝（邦貨建て為替レート）×（アメリカの金の価格）$$

この式は，

$$（邦貨建て為替レート）＝（日本の金の価格）÷（アメリカの金の価格）$$

と書き換えることができますが，これは日本とアメリカの金の価格比率（相対価格と言います）と為替レートの関係を表していると考えられます。

　この考え方を応用して，さまざまな財に対して仮想的な為替レートをつくってみることができます。第1章でとりあげた「ビックマック指数」は，

$$\frac{日本のビッグマックの価格}{アメリカのビッグマックの価格}$$

というようにしてつくられた仮想的な為替レートだということができます。次のページのアドバンスの言い方を使えば，ビッグマックで測ったドルと円の購買力の比率ということになります。金の場合は実際の為替レートとほぼ一致しますが，裁定が働かない財の場合は実際の為替レートとはあまり一致しません。（例えば，日本で大量のビッグマックを買ってそれをアメリカで売ることがどれだけ大変かを考えてみてください。）

　しかし個別の財で測っていたのでは，通貨の本当の力（購買力）は分かりません。そこで日本で生産されているすべての種類の財サービスを，一つのカゴ

146

アドバンス

日本の金の価格を P 円，アメリカの金の価格を P^* ドル，為替レートを1ドル e 円とすると，

$$e = \frac{P}{P^*}$$

という関係があることになります。ところで，金の価格が P 円の場合，$(1/P)$ は1円で買える金の量を表しています。（金1グラムが100円のときは，1円では100分の1グラムの金が買えますね。）これは円という通貨にどれくらいの力があるか（購買力）を金で測ったものと考えることができます。この考え方を用いると，

$$\frac{P}{P^*} = \frac{\dfrac{1}{P^*}}{\dfrac{1}{P}}$$

となりますから，為替レートは次のように表わすことができます。

$$\frac{金で測ったドルの購買力}{金で測った円の購買力}$$

に入れてみましょう。実際に入れることはできませんから，頭の中でイメージするだけです。このようにしてイメージされたものを（GDP）財バスケットと呼んでいます。このバスケットの価格を一般物価水準と言います。円という通貨の購買力を，一般物価水準を用いて定義してみます。[1]　金の場合と同じように考えると，

$$円の購買力 = \frac{1}{日本の一般物価水準}$$

となります。同じようにドルの購買力も定義することができますから，「ビッグ

---

[1]　実際に一般物価水準を計算することはできませんから，GDP デフレータや消費者物価指数などから作成した指数を用いて PPP の計算を行なっています。その場合の PPP はここで取り上げている PPP と少し概念の違うものになります。

[2]　注意しなければならないのは，日本とアメリカの財バスケットの中身が同じでなければ，厳密な意味での購買力平価にならないということです。しかし，アメリカで生産される財と日本で生産される財は種類が異なりますから，このようにして求めた購買力平価は，理論的な意味においても近似的なものということになります。

マック指数」の場合と同じように，仮想的な為替レートを次のようにして求めることができます。[2]

$$仮想的な為替レート = \frac{日本の一般物価水準}{アメリカの一般物価水準} = \frac{ドルの購買力}{円の購買力}$$

このようにして導かれた仮想的な為替レートを購買力平価（Purchasing Power Parity 頭文字をとって PPP）と呼んでいます。これが現実の為替レートといつも一致するというわけではありません。[3]　しかし第1章で取り上げたように，国どうしの豊かさの比較を行なおうとする場合などには，非常に有効な考え方の一つであると言えます。

4．さまざまな国際取引

　外国為替市場にはどんな人々がどのような目的で参加しているのでしょうか。あるいは，ドルやユーロなどの外貨を売買しているのはどのような人たちでしょうか。ここでは，外貨の売買がどのような経済取引に伴って生じるのかを概観することにしましょう。それにはまず，国際収支表を正確に理解することが必要になります。なお，日本の国際収支表は，IMF が定めたマニュアルに沿って財務省・日本銀行で作成されており，2014年1月からは，いくつかの大きな変更点を伴ったマニュアル第6版にもとづいて計上が行われています。以下では，この第6版に沿って説明します。

（1）国際収支表の構造

　国際収支表は，一定期間（例えば1年間）に生じた日本と外国の間の経済取引を一定のルールに従って記述したものです。[4]　したがって，国際収支表はフ

---

[3]　現実の為替レートも，少なくとも長期的には PPP の周りで動いているという主張もあります。これは為替レート決定理論としての購買力平価説と呼ばれています。

[4]　正確には居住者と非居住者の間の取引を記述したものです。居住者，非居住者の詳細については本書の第2章を参照してください。

表8-1　国際取引と国際収支表

	取引1 自動車をアメリカに輸出	取引2 アメリカの国債を購入
経常収支 （＝受取−支払）	貿易収支 　輸出　＋100	
金融収支 （＝対外資産純増−対外負債純増） 　　　　決済性の金融資産	 （対外金融資産増加） ＋100	証券投資 ＋100 （対外金融資産減少） −100
経常収支−金融収支	0	0

注：取引金額はいずれの取引も100とする。

ローを表している表だということができます。

　国際収支は大きく2つに別れています。経常収支と金融収支です。国際収支表の記載については一定のルールがあります。このルールの基本的な原理を知らなければ，表の数字を見誤ることにもなりかねませんから，以下で簡単に述べておきます。

　経常収支の項目では，一定期間に発生したフローの取引で，支払を行なう場合はマイナス，受取を行なう場合はプラスで表示します。受取超過が経常収支の黒字ということです。金融収支は，対外純資産（＝対外資産−対外負債）の変化を表したもので，その値がプラスなら対外純資産の増加，マイナスなら減少を意味します。対外資産とは，自国の居住者が保有している，外国発行の株・債券・通貨・銀行預金などのことで，対外負債とは，外国の居住者が保有している自国発行の株・債券・通貨・銀行預金などをいいます。ところで経常収支の受取超過の場合，必ず超過の部分は日本国内のどこかにあります。つまり，経常収支の黒字分は必ず国内の対外資産の増加（または負債の減少）になっているはずです。逆に支払超過（経常収支が赤字）の場合，その赤字分は必ず対外資産の減少（または負債の増加）によって調達されているはずです。言い換えると金融収支と経常収支とは同じ金額になっているはずです。この点を理解するためにいくつかの取引を例にとって，詳しく説明してみましょう。

　表8-1は2つの取引に関して，それぞれが国際収支表にどのように表れてく

表8-2　国際収支状況（2018年）

（単位：兆円）

項　目	2018年
経常収支	19.22
貿易・サービス収支	0.39
貿易収支	1.20
輸出	81.24
輸入	80.04
サービス収支	−0.81
輸送	−1.04
旅行	2.42
知的財産権等使用料	2.62
その他サービス	−2.62
第一次所得収支	20.85
雇用者報酬	−0.01
投資収益	20.95
第二次所得収支	−2.02
資本移転等収支	−0.21
金融収支	20.00
直接投資	14.72
証券投資	9.98
金融派生商品	0.12
その他投資	−7.47
外貨準備	2.66
誤差脱漏	1.00

出所：財務省ホームページより著者作成
　　　https://www.mof.go.jp/international_policy/reference/balance_of_payments/bpnet.htm （2020.1.6）

るかを示したものです。

　話をわかりやすくするために，金融収支の中でその他投資項目に含まれる決済に使用される金融資産を分けて考えることにします。取引1は，日本からアメリカに自動車を輸出した場合ですが，この場合には経常収支の輸出の項目がプラスで表記されます。それと同時に国内に外貨が入ってきますから，どこかで対外資産の増加となっているはずです。したがって，金融収支に同額のプラスが記載されます。輸入の場合はこの逆になります。取引2はある人がアメリ

カの国債を購入した場合ですが，アメリカの国債は対外資産ですから，それ自体として証券投資にプラスで表示されます。しかしこの人はアメリカの国債を購入するためのドルをどこかから調達してアメリカに支払っているはずですから，決済に使用されたドルが減少しているはずです。その分が金融収支のなかでマイナスとして表れてきます。やや複雑な話になりましたが，要するにあらゆる国際取引は，国際収支表の中で2ヶ所登場してくることになるわけです。（これは複式簿記の考え方に沿ったものです。）そのため，債務免除や無償資金協力などを対象とした資本移転等収支を加えると，次のような関係が成立します。

$$(経常収支)－(金融収支)＋(資本移転等収支)＝0$$

ただし，これは，統計データが理想的に把握されている場合に成り立つものですが，実際には測定誤差があったり，把握できない取引があったりしますので，合計がゼロになるように「誤差脱漏」という項目で調整を行っています。

　表8-2は，2018年の日本の国際収支表です。以下では国際収支表の重要な項目を取り上げ，その内容や意義，外貨の需給との関係などについて見ていくことにしましょう。

（2）経常収支構成と外貨の売買

　まず，経常収支の中身について見ていきましょう。経常収支は，貿易収支，サービス収支，第一次所得収支の3つに大きく分けることができます。（その他にも第二次所得収支がありますが，本書では扱いません。）2018年の規模をみると，経常収支全体が19.2兆円ですが，貿易収支が1.2兆円，サービス収支がマイナス0.8兆円（マイナスは支払超過を示します。これについては後述します。），第一次所得収支は20.9兆円となっています。

　貿易収支は，財の輸出や輸入の総額を示すものです。通常は財を輸出した場合には，相手方から代金として外貨を受け取ります。輸出業者は外貨を保有していても日本国内では使用できませんので，外貨を円に換えようとするでしょ

う。したがって輸出業者はドルやユーロなどの外貨の供給者として外国為替市場に登場してきます。逆に財を輸入し支払をドルなどの外貨で行なわなければならない輸入業者は，外貨の需要者として外国為替市場に参加することになります。

　有形の財の取引を記述したものが貿易収支であり，無形のサービスの取引を記述したものがサービス収支です。サービスを輸出したり輸入したりするというイメージがわかない人も多いかもしれませんが，サービスのやりとりが日本人と外国人（正確には居住者と非居住者）の間で行なわれているのだと考えてください。どこでどのようにして行なわれているかは問題ではありません。日本人がアメリカに旅行してホテルに泊まる場合，日本人がアメリカ人から宿泊サービスというものを購入したと考えることができます。支払を行なったわけですから，この場合にはサービス収支にマイナスとして記載されます。2018年の日本のサービス収支はマイナス0.8兆円ですから，サービスを外国人に販売することによる受取よりも，外国人からサービスを購入することに伴う支払の方が多かったということになります。サービス収支のなかで輸送がマイナス，旅行がプラス，そして，知的財産権等使用料がプラスの収支になっています。

　毎期毎期発生するフローの取引としてもう一つ挙げられるのが，要素所得の受取や支払です。労働力，資本，土地，などの生産に貢献するものを生産要素と呼びますが，生産要素のサービスを企業などに提供した場合にその対価を受け取ることになります。それが要素所得です。要素所得には，労働サービスの対価である賃金，資本の賃貸価格である利子等，および土地の賃貸価格である地代などがあります。要素所得の受取と支払を記載したものが第一次所得収支です。第一次所得収支は，主として賃金に関する雇用者報酬と利子，配当，地代などに関連する投資収益に大きく分かれています。例えばアメリカの企業の社債をたくさん保有している人がいたとしましょう。この人は，毎年その企業から利子を受け取ることになります。これは第一次所得収支中の投資収益の受取としてプラスで記載されます。2018年には日本の第一次所得収支は20.9兆円ありますが，そのほぼすべてが投資収益です。上の例で述べたアメリカの社債の利子はドルで支払われますが，日本国内で使用するためにはそのドルを円に

換える必要があります。この場合には利子を受け取った人は，外国為替市場において外貨の供給者となります。

（3）国際資本移動と金融収支

　金融収支は，外国との間での金融上の取引を記載したものです。例えば，外国の株式や債券を購入したり，外国から借入を行ったりすることが反映されています。2018年の金融収支は20.0兆円ですから，日本国内の対外純資産（＝対外資産－対外負債）が１年間で20.0兆円増加したということになります。金融収支の大きさを決めているものは何でしょうか。対外資産や負債はどのような要因や動機に基づいて増えたり減ったりするのでしょうか。そこでまず金融収支の中の民間部門に属する項目から見ていきましょう。

　本書の第３章で学習した金融システムの話を思い出してみてください。実際の金融システムは国際的な規模で出来あがっており，資金余剰主体から資金不足主体への資金の流れや，ポートフォリオの調整などは世界を舞台にして行なわれているのです。国際的な資金の流れを国際資本移動と呼んでいます。本章の第２節で述べた裁定取引も国際資本移動を引き起こす要因の一つです。世界的には無数の収益機会が存在しており，少しでも利益の高いところに向けて資金が流れていきます。このうち，Ａに投資するよりＢに投資したほうが確実に儲かるような場合に，それを見逃さない行動が裁定であり，主観的な予想に基づいて，Ａに投資するよりＢに投資したほうが有利だと考えてＢに投資するような行動が投機です。例えばアメリカのＡ企業の株価はこれから大きく値上がりするだろうと予想する人が，その企業の株を購入しようとするのは投機と言えます。このように，株や債券などの証券の対外的売買を証券投資として区分します。この項目は2018年ではおよそ10.0兆円ですから，証券に関し日本が対外純資産を10.0兆円だけ増加させたことになります。

　ところで，外国の企業の株を購入する場合，上に述べたような投機目的の場合もありますが，この他に相手企業の経済的支配を目的とする場合もあります。それによって親会社と子会社の関係になったりします。このような関係になる

場合には，株式の購入者と相手企業が継続的な経済利害関係を有するものと考えられます。これは経済的に非常に重要な意味を持ちますから，これを特別なデータとして分離し，直接投資と呼んでいます。具体的には，10パーセント以上出資した場合に永続的な経済利害関係にあるとみなしており，両者の間で行なわれる金融取引をすべて直接投資としています。また，海外の支店や工場を拡張（例えば海外の不動産の購入）するための資金の移動は，直接投資の中に含めます。最近では短期的に企業そのものを売買して利益をあげようとする企業も現れてきましたので，必ずしも直接投資が長期的視点に立ったものだとは言えません。しかし，直接投資は，生産や雇用などの相手国の経済に非常に大きな影響を及ぼす場合もあり，経済データとして重要なものであることに変わりはありません。

　さらに，日本から外国に向かう場合が対外直接投資，外国から日本へ向かう場合が対内直接投資と呼びます。そして，金融収支での直接投資の計上は，対外資産の増加である対外直接投資から対外負債の増加である対内直接投資を差し引いた金額になります。この項目が，2018年では14.7兆円となっており，対外直接投資が対内直接投資を上回っていることがわかります。

　金融派生商品とはデリバティブとも呼ばれ，その組成やしくみが複雑化・高度化した金融商品のことで，証券投資とは別扱いとなっています。最後に，その他の投資とは，現金・預金や貸付・借入などを含み，表8-1で示した決済性の高い金融資産はここにあてはまります。

（4）外貨準備と為替介入

　外貨準備とは，公的部門が保有する対外資産の増減を計上したものです。日本では，財務省や日本銀行による対外的取引が対象となります。2018年の外貨準備は2.7兆円ですから，1年間で公的部門の外貨準備が2.7兆円増加したことを示しています。中央銀行が外貨を購入したり売却したりすることは，特別な経済的意味があります。例えば日本銀行がドルを購入したとすると，相手方に対価として円を支払いますから，これはマネーストックの増加となります。（第

4章で学習した日本銀行のバランスシートを思い出してください。)逆に日本銀行がドルを売却した場合には，相手方は対価として日本銀行に円を支払うことになります。日本銀行に戻ってきた円は，もはやマネーストックではありませんから，この場合にはマネーストックの減少ということになります。もし，日本銀行がマネーストックの変動をここで容認したとすれば，それは，金融政策の変更を意味してしまいます。したがって，それを避けるために，債券を反対方向に売買してマネーストックを不変に保ちます。第4章で述べたように，このような政策をとることを不胎化政策と言います。例えば日本銀行がドルを購入すると，そのままではマネーストックが増加してしまいますから，それを防ぐためには，日本銀行が保有している国債などの債券を売却すればマネーストックを一定に保つことができます。このように，通常は，為替介入は不胎化政策を伴うように運営されています。[5]

　それでは，日本銀行は何を目的として外貨の売買を行なっているのでしょうか。そこには政策的な意図があるはずです。最も重要な政策が為替レートの維持です。現代は変動相場（フロート）制の時代ですから，為替レートを固定するための過度の介入は必要ありません。しかしながら，行き過ぎた円高や円安の進行などは，日本経済全体に大きな影響を及ぼします。このため，行き過ぎた円高や円安の進行を防ぐために，日本銀行が外貨の売買を行なうわけです。このように変動相場制の下で，中央銀行が政策的な意図をもって外貨の売買を行なうことを，外国為替市場介入（単に市場介入，為替介入と言うことが多い）と言います。例えば，円高の進行を食い止めるために，日本銀行がドル買介入を行なったりします。変動相場制が行き過ぎた為替レートの変動を引き起こさないようにコントロールして運営しようという考え方を管理フロートと呼んでいます。このような考え方は1985年のプラザ合意では，ドル高是正のための各国協調介入という形で顕在化しました。しかしながら，近年では，日本をはじめとする先進国は，例外的にしか為替介入を行わないので，自由なフロート（free floating）制を採用していると言えます。

---

[5]　白川方明『現代の金融政策－理論と実際』(2008年，日本経済新聞出版社) 14-3節参照。

5．為替レート変動と国際取引

　これまでさまざまな国際取引についてみてきました。国際取引にともなって人々は外国為替市場に参加し，通貨の売買を行っていることが理解できたと思います。それによって，為替レートも時々刻々と変動しているわけです。それでは逆に，為替レートの変動は国際取引にどのような影響を及ぼしているでしょうか。ここでは，貿易収支（輸出や輸入）に及ぼす影響と，直接投資に及ぼす影響について考えてみることにします。

（1）為替レート変動と経常収支

　本書のイントロダクションでも登場してきましたが，よく「円高になると輸出がダメージをうける」といわれています。これはどのようなメカニズムによるものでしょうか。まず，この点を解かりやすく説明しておくことにしましょう。

　図8-4を見てください。日本からアメリカに自動車を輸出しようとしている業者があるとします。この業者は，自動車を日本国内では生産コストをカバーできるように1台あたり200万円で売っているものとします。現在為替レートが1ドル＝200円だとすると，アメリカでは1台1万ドルで売れば，輸送費を無視すれば，十分に採算がとれることになります。さてこの状況で突然，為替レートが激しい円高ドル安になり，1ドル＝100円になったとすると，どのようなことが起こるでしょうか。1台200万円で売らなければ採算がとれないとすると，アメリカでは1台2万ドルで売らなければならないことになります。大幅に値上げされたわけですから，当然アメリカでの販売台数が減少します。このため，日本の業者はアメリカへの自動車の輸出を手控えるようになるでしょう。したがって，円高によって輸出が減少するという結論が得られることになります。[6]

　円安が進行した場合は，この逆を考えればよいわけです。例えば1ドル＝400円になったと仮定して，話のながれを考えてみてください。円安はアメリカでの

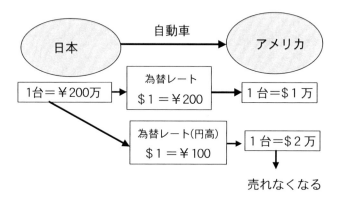

図8-4　円高と自動車の輸出の例

自動車の売れ行きを好転させ，輸出を増加させる要因になることが容易に理解できるものと思います。

　それでは円高や円安が輸入に及ぼす効果については，どのように考えればよいのでしょうか。実は，上の例で，日本とアメリカの立場を置き換えるだけで，簡単に結論を導き出すことができます。日本からアメリカへの輸出は，アメリカから見れば日本からの輸入です。また，円高はドル安を意味します。したがって円高で日本の輸出が減るということは，ドル安（自国通貨安）でアメリカの輸入が減るということを意味します。アメリカの立場を日本に置き換えると，円安（日本の自国通貨安）で日本の輸入が減るということを意味しています。円高の場合は逆になりますから，円高で日本の輸入は増えるという結論になります。

---

6)　このような状況で自動車の輸出台数は確実に減少しますが，自動車の輸出額が減少するかどうかは確定できません。輸出額は，自動車の単価×輸出台数　ですから，輸出台数が減少しても単価が上昇しているため，両方の積になっている輸出額が減少するかどうかは確定できないわけです。ミクロ経済学などで学習する概念を用いると，輸出額が減少するかどうかは，アメリカにおける自動車の需要の価格弾力性に依存するということができます。

（2）為替レートと生産拠点

　ところで，激しい円高が持続した場合に，輸出に依存している企業はどうしたらよいでしょうか。そのまま輸出が減少していくのを放置して，収益が低下して倒産してしまうわけにはいかないでしょう。円高が進行するということは，国際的に見て（例えばドルで測って）日本国内の生産コストが上昇していくことを意味しています。このために輸出が減少せざるを得なかったわけです。それなら，より生産コストの安い国で生産することを考えればよいことになります。実際，円高が進行すると輸出に依存している企業は，東南アジアや中国などの生産コスト（賃金など）が低い国へ，生産拠点を移してきました。これは日本から東南アジアや中国などへの直接投資の増加となって現れます。東南アジアや中国などで稼動している日本企業の工場がどんどん利潤を上げていけば，その利潤は日本に向けて送金されてきます。これは国際収支表の中では，投資収益の増加という形で現れます。

　このように，日本の企業が工場などの生産拠点を海外に移し，利潤だけを日本国内に送金するというような状況は国内産業が縮小することを意味しますので，産業空洞化と言います。産業空洞化は，企業の合理的な行動の結果ですが，規模が大きくなると，日本の労働市場に深刻な影響を及ぼすことが懸念されるようになると考えられます。

アドバンス

絶対的購買力平価と相対的購買力平価

　本文で述べたように購買力平価の成立は，例えば日本とアメリカの場合で考えてみると，日本の一般物価水準を P，アメリカの一般物価水準を P^*，邦貨建て為替レートを e とすると，以下のような式で表すことができました。

$$e = \frac{P}{P^*} \tag{8A-1}$$

この式を変形すると

$$P = eP^* \tag{8A-2}$$

となります。ここで，それぞれの変数がわずかずつ変化したとしましょう。変化した分を前に△（デルタと読みます）をつけて表記することにし，変化後も購買力平価が成り立っているとすると，以下のような式が成立します。

$$P + \Delta P = (e + \Delta e)(P^* + \Delta P^*) \tag{8A-3}$$

変化分が十分に小さい場合，2次の項である$\Delta e \Delta P^*$は無視することができますから，この式を展開すると，近似的に以下のような式になります。

$$\Delta P = e \Delta P^* + \Delta e P^*$$

この式を（8A−2）式で割ると，

$$\frac{\Delta P}{P} = \frac{\Delta P^*}{P^*} + \frac{\Delta e}{e} \tag{8A-4}$$

という式になります。この式の左辺は日本のインフレ率を表し，右辺の項はそれぞれアメリカのインフレ率と為替レート減価率を表しています。したがって，（8A−4）式は次のような意味になります。

為替レート減価率＝日本のインフレ率―アメリカのインフレ率

この式が成立しているとき，相対的購買力平価が成立していると言います。また，（8A−1）式によって表される購買力平価を，これと区別して絶対的購買力平価と言います。実証分析などでGDPデフレータや消費者物価指数などを用いて購買力平価の検証をする場合には，相対的購買力平価の考え方が利用されます。相対的購買力平価は，為替レートや物価水準の変化率だけを扱うため，基準になっている時点を問題にする必要がないためです。

　ところで，（8A−2）式と（8A−3）式が成り立てば，（8A−4）式は必ず成立します。しかし，（8A−4）式が成り立っていても，（8A−2）式や（8A−3）式が成立するとは限りません。言い換えれば，相対的購買力平価は絶対的購買力平価よりも弱い条件で成立するということになります。数学的には（8A−1）式の代わりに，

$$e = k\frac{P}{P^*} \quad (k \text{ は定数})$$

という式が成立していれば，（8A−4）式は成立します。すなわち，相対的購買力平価は，為替レートが購買力の比率に比例することを意味しているということができます。

本章のまとめ

1. 日本は1973年に固定相場制（円をドルに対して固定していた）から為替レートが市場の実勢を反映して変動する変動相場制（フロート制）に移行しました。外国為替市場とは，異なる通貨を交換する場のことですが，そこで1ドル当たり何円で取引されているかという数字を邦貨（円）建て為替レートと言います。この数字が大きくなるほど円安になったことを表し，小さくなるほど円高にたったことを意味します。

2. 確実な収益機会を見逃さないような取引を，裁定取引と呼んでいます。裁定取引の結果，外国為替市場では一物一価の法則（同じものが同じ価格で取引される）が成立しているということになります。

3. 裁定の考え方を財市場に関して応用すると，裁定が働く場合には，為替レートは通貨の購買力の比率になっていなければならないということが導出されます。通貨の購買力（一般物価水準の逆数）の比率を購買力平価（PPP）と呼んでいます。

4. 国際収支表は，一定期間に生じた日本と外国の間の経済取引を一定のルールに従って記述したものです。国際収支は大きく2つに分かれています。経常収支と金融収支です。財やサービスの取引を集計したものが経常収支であり，対外資産や負債の増減を集計したものが金融収支です。概念的には，これら2つに資本移転等収支を加えて，（経常収支）－（金融収支）＋（資本移転等収支）＝0という関係が成立します。金融収支は国際的な資金の流れ（国際資本移動）を反映しており，通貨当局が保有している対外金融資産の増減は，外貨準備として金融収支の中の一項目として扱われています。外貨準備の増減は通貨当局による為替レートをコントロールするための政策（為替介入）を反映しています。

5. 円高や円安は輸出や輸入に大きな影響を及ぼします。通常は，円高は輸出の減少と輸入の増加をもたらし，円安はその逆の効果をもたらします。特に円高が長期的に続くときなどは，日本企業が生産拠点を海外に移すため国内産業が縮小する産業空洞化の加速が懸念される場合もあります。

■その他のキーワード■

貿易収支　国際収支表の経常収支中で，財貨の国際取引を計上している項目。輸出と輸入からなる。

サービス収支　国際収支表の経常収支中で，サービスの国際取引を計上している項目。

直接投資　外国の企業に永続的な経済利益を有する企業間で行なわれる取引のこと。資本収支の中の投資収支の一項目。具体的には，出資の割合が原則として10%以上の場合を直接投資関係にあるとしています。海外の不動産の取得処分についても，この項目に計上します。

《練習問題》

問1：□ の中に適当な語または数字を入れなさい。

東京で１ドル＝100円，１ユーロ＝125円で取引されているとする。同じ時刻にロンドンでは１ユーロは ① ドルで取引されている。もし，ロンドンでは１ユーロ＝２ドルで，取引されているとしたら，東京でドル ② 。ユーロ ③ を行い，ロンドンでドル ④ ，ユーロ ⑤ を行えば，確実にもうけることができる。このような裁定取引の結果，東京ではユーロに対してドルが ⑥ し，ロンドンではユーロに対してドルが ⑦ し，結局両者は同じレートになる。

問2：以下の経済取引を行なう日本の経済主体は外貨の需要と供給のどちらの主体であるかを答えなさい。

(1) アメリカに自動車を輸出しようとしている商社
(2) イタリアの有名な歌手を招いてコンサートを開こうとしている劇場主
(3) 東南アジア旅行を計画している新婚カップル
(4) マレーシアで土地を購入しようとしている企業
(5) 保有していたアメリカの国債を大量に売却した生命保険会社

問3：以下の文章が正しければ○，間違っていれば×をつけなさい。

(1) 円安は輸入を増加させる要因になりやすい
(2) 円高は輸入を増加させる要因になりやすい
(3) 円安は輸出を減少させる要因になりやすい

問4：以下の歴史的な出来事について，詳しく調べてみましょう。

(1) ブレトン・ウッズ会議
(2) ニクソンショック
(3) プラザ合意

産業構造と分配

　これまでの各章では，豊かさを測る指標としての総生産とはなにか，取引を行なう上で重要な金融のしくみ，税制や財政と政府の役割，働き方の問題など個別のテーマを学習してきました。ここでは，それらの関連と日本の産業構造，そして豊かさの議論で問題になる所得分配と格差などを学びましょう。

✒ 本章で学習すること

1．さまざまな市場は，3つに分類できます。各市場において，人々や企業がどのような形で市場に参加しているか学びます。そのうえで，日本経済のデータをもとに，総生産と総需要そして分配の関連を確認します。
2．各産業のシェア，成長への貢献度から，日本経済がサービス産業にシフトしていることを確認し，経済波及効果と産業構造の関連を学びます。
3．雇用者への所得分配の傾向と労働生産性を他国と比較します。
4．日本は所得分配の平等な国といわれますが，2種類の平等の程度の測定方法を学び，他国と比較します。

1．3つの市場

　本書の第1および2章で，国の豊かさを測る指標としての国内総生産GDPについて学び，その問題を知りました。それでは，生産された付加価値であるGDPは，どの程度家計や投資家に分配され，どのように「モノ」(財やサービス)への支出につながっているのでしょう。また，金融市場や労働市場などは，このつながりの中でどのような役割を果たしているのでしょうか。

　マクロ経済学では，経済活動に参加する人々や組織を「経済主体」と呼びま

すが，本書の第3章で資金フローを概観する際に，経済主体を4部門に分類しました。すなわち，労働を提供して財やサービスを消費する「家計」，財やサービスを生産して設備投資を行なう「企業」，全体のルールや効率などを維持し公的サービスを提供する「政府」，そして日本以外の消費者や企業などをまとめた「海外」です。まず，経済全体でこれらの経済主体が，どのような市場においてどのような形で取引に参加しているか見てみましょう。

　経済活動は，大きく分けて3つの市場で取引が行われています。食料品や自動車などの財や教育などのサービスが取引される財・サービス市場，それらを生産するために必要な要素である労働力，資本，土地などの生産要素サービスが取引される生産要素市場，そして家計が貯蓄を行ない企業が資金を借り入れる金融市場です。経済主体がこれらの3つの市場を通じて行なう取引を，図9-1に示します。（以下では話を簡単にするため，政府と海外部門との取引はないものとします。）

　代表的な家計の行動を考えてみましょう。家計は企業に，生産要素市場で労働力や資本そして土地などの生産要素サービスを提供し（図9-1①），その対価として賃金や利子，そして地代などの所得を手にします（図9-1②）。サービスという「モノ」の流れと，所得という「カネ」の流れが対応しています。こうして得られた所得は，一部が財・サービス市場で財やサービスの消費にあてられ（支出され）ます（図9-1③）。ここでも，モノの流れとカネの流れが対応しています。支出されなかった残りの所得は，銀行などに貯蓄されます（図9-1④）。[1]

　次に企業を考えてみましょう。企業は生産要素市場で労働力や資本そして土地などの生産要素サービスを調達し（図9-1①），その対価として賃金や利子そして地代を家計に支払います（図9-1②）。このようにして得た労働力や資本，土地などの生産要素サービスを用いて財やサービスを生産し，財・サービス市場で販売（供給）します（図9-1⑤）。さらに，企業は将来の生産に必要な工場設備を拡張するため，銀行などを通じて必要な資金を金融市場で借り入れ（図

---

[1]　実際は家計が所得税を政府に支払いますので，家計が受け取った所得は，所得税，財・サービスへの支出，そして貯蓄の3つに分けられます。

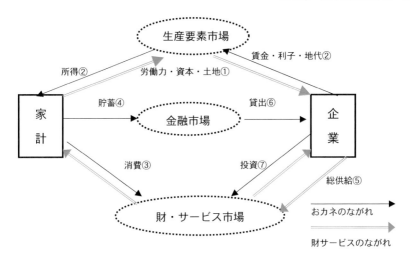

図9-1　マクロ経済の構造（政府，外国なし）

出所：井上・大野・幸村・鈴木編著『マクロ経済理論入門』(多賀出版)，第1章より

9-1⑥)，その資金を用いて財・サービス市場で工場設備機材などに投資（支出）します（図9-1⑦)。やはりモノの流れに対応したカネの流れがあります。

　上記のように，経済全体で「モノ（サービスを含む）」の流れに対応した「カネ」の流れがあります。経済全体で生産された国内総生産 GDP は財・サービス市場に供給され，その価値は，生産に必要な要素を提供してくれた家計などに賃金や利子などの形で分配され，財に支出されます。このようにして総需要が生まれます。したがって，国内総生産 GDP は分配面からみた GDP に等しく，消費や投資などの国内総支出（Gross Domestic Expenditure，略して GDE）に一致するのです。これを三面等価と呼びます。

　経済全体を理解するうえで，この三面等価のしくみはとても重要です。金融取引，失業，財政赤字など個別の経済問題は，このような総生産，分配，総支出という大きなフレームワークの中で相互に関連しているからです。たとえば，総生産が縮小すると失業が増加し，家計に分配される所得が減少するため，総支出（総需要）も減少するのです。

表9-1　経済活動別名目 GDP の推移

大分類		1970 (兆円)	1970 (%)	2000 (兆円)	2000 (%)	2018 (兆円)	2018 (%)
第1次産業	農林水産業	4.5	6.1	8.1	1.5	6.8	1.2
	（小計）	4.5	6.1	8.1	1.5	6.8	1.2
第2次産業	鉱業	0.6	0.8	0.6	0.1	0.3	0.1
	製造業	26.4	36.0	118.8	22.6	113.5	20.7
	建設業	5.7	7.7	36.2	6.9	31.1	5.7
	（小計）	32.7	44.5	155.6	29.5	144.9	26.5
第3次産業	電気・ガス・水道業	1.6	2.1	16.9	3.2	14.2	2.6
	卸売・小売業	10.5	14.4	68.8	13.1	74.8	13.7
	金融・保険業	3.1	4.3	25.6	4.9	22.8	4.2
	運輸・郵便*	4.0	5.4	25.6	4.9	28.3	5.2
	宿泊・飲食サービス業*	0.0	0.0	16.6	3.1	13.9	2.5
	情報通信業*	1.1	1.5	24.2	4.6	27.0	4.9
	不動産業	5.9	8.0	54.1	10.3	62.0	11.3
	専門・科学技術, 業務支援サービス業*	7.1	9.6	30.3	5.8	41.2	7.5
	公務*	3.3	4.4	27.3	5.2	27.2	5.0
	教育*	—	—	19.0	3.6	19.6	3.6
	保健衛生・社会事業*	—	—	27.9	5.3	39.4	7.2
	その他のサービス	2.1	2.9	27.4	5.2	23.0	4.2
	（小計）	38.6	52.6	363.8	69.1	393.4	71.9
国内総生産		73.3	100.0	526.7	100.0	547.1	100.0

注：1970年は1990年基準，2000年と2018年は2011年基準*による。
出所：内閣府ホームページより著者加工（2020.1.10現在）
　　　https://www.esri.cao.go.jp/jp/sna/data/data_list/kakuhou/files/h30/h30_kaku_top.html

2. データで見る産業構造と分配

　次に，日本経済のデータを用いて，総生産がどのような産業に支えられてきたかを外観します。そして分配面を観察することで，日本経済の生産性も検討しましょう。

（1）産業別生産高

　まず日本の産業別 GDP の推移を，1970年から見てみましょう。表9-1をみると，戦後日本では，第1次産業（農林水産業）から，第2次産業（鉱業，製造業，建設業），そして第3次産業（その他）へと，産業のウエイトがシフトしていることがわかります。第1次産業のシェアは，かつて1970年に6.1％ありましたが，2018年には1.2％にまで激減しました。第2次産業では，1970年に44.5％に拡大したシェアが2018年には26.5％に低下しています。代わって第3次産業のシェアは，1970年の52.6％から着実に増加し，2018年には71.9％に達しました。所得の上昇につれて，このように産業構造が第1次から第3次産業へシフトすることをペティ＝クラークの法則とよびます。

　このような第3次産業のシェア拡大は，サービス産業の伸びによるものです。表9-1からは，第3次産業に含まれる多くの産業であまりシェアが変化していないのに対して，サービス産業（表9-1の「専門・科学技術，業務支援サービス業」から，「その他のサービス業」までの合計）は，1970年の17％から2018年の27.5％まで，48年間に10％以上シェアを伸ばしたことがわかります。これは，家計部門での医療，レジャーなどのサービス消費が拡大しているためです。

　本書の第2章では日本の実質経済成長率の推移を学びました。そこで，日本の経済成長はどの産業によって支えられてきたのか，数値で捉えてみましょう。具体的には，寄与度という指標を用いて，各産業が経済成長率にあたえる影響を測ります。寄与度は各産業の成長率とそのシェアを同時に考慮し，全体の成長率を分解するものです。ある産業の成長率が著しく高くても，その産業のシェアが小さければ，全体の成長率に与える影響は小さくなります。逆に，成長率が低い産業でもシェアが大きければ，全体に与える影響は大きくなります。（具体的な計算方法は，166頁「アドバンス」を参照してください。）

　図9-2は，1991－2018年にわたる日本の GDP 実質成長率を産業別寄与度に分解したものです。第2次産業は，日本の成長率にあたえる影響の度合いが大きく，この寄与度がプラスである年は成長率も比較的高く，マイナスである年は成長率がマイナスになっていることがわかります。特に2008年のリーマン

166

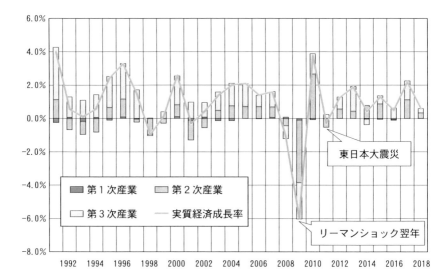

図9-2　日本の実質 GDP 成長率と産業別寄与度

出所：内閣府国民経済計算より筆者作成。（2020.1.10現在）
　　　https://www.esri.cao.go.jp/jp/sna/menu.html

ショックを受けて，2009年には第2次と第3次産業が大幅に縮小しました。こ
のような産業構造の変化をうけて，第3次産業で働く人が増えています。あな
たはどの産業に関心がありますか。

アドバンス

寄与度

　総生産と産業別生産のように，あるデータが複数の項目で構成されている場合，
各項目が全体の伸び率に与える影響の程度を寄与度といいます。計算の方法から，
各項目の寄与度を合計すると，全体の伸び率に一致します。国内総生産 GDP を例に
とって，具体的に計算手順を説明します。

　GDP を Y と表記し，3つの産業をそれぞれ Y_1, Y_2, Y_3と記します。これら3産
業の生産高の合計は GDP に一致しますので，以下の式が成り立っています。

$$Y = Y_1 + Y_2 + Y_3$$

Y の（年）成長率は，第1章で学んだとおり，前年の値に対する前年からの増分の

割合ですから，前年の $Y(-1)$ からの Y の増分を ΔY でしめすと，

$$\frac{\Delta Y}{Y_{(-1)}} = \frac{\Delta Y_1}{Y_{(-1)}} + \frac{\Delta Y_2}{Y_{(-1)}} + \frac{\Delta Y_3}{Y_{(-1)}}$$

となります。これをさらに各産業の成長率に変形していきますと

$$\frac{\Delta Y}{Y_{(-1)}} = \left(\frac{Y_{1(-1)}}{Y_{(-1)}}\right)\frac{\Delta Y_1}{Y_{1(-1)}} + \left(\frac{Y_{2(-1)}}{Y_{(-1)}}\right)\frac{\Delta Y_2}{Y_{2(-1)}} + \left(\frac{Y_{3(-1)}}{Y_{(-1)}}\right)\frac{\Delta Y_3}{Y_{3(-1)}}$$

が得られます。左辺は全体としての成長率です。右辺は，各産業の成長率にウエイト（右辺の（　）の部分）をつけたものの合計で，各産業のシェアと成長率が考慮されています。このように，全体の伸び率を各項目のウエイト付き伸び率に分解することができるのです。

（2）分配面から見た GDP

次に，生産された付加価値である GDP がどのように分配されたか，表9-2で国民所得の分配を見てみましょう[2]。

国民の所得は，生産に用いられた労働サービスに対する対価は雇用者報酬として企業から家計に分配され[3]，国民所得に占める雇用者報酬の割合は，2018年には70.7％を占めています。しかし勤労者に支払われる賃金の割合は微減するなかで，雇主の社会保障負担が増加しています。企業所得は，生産における企業の営業活動の貢献分などで，企業会計における営業利益に類似しています。その割合は，20％台前半となっています。

企業が新たに作り出した価値（「付加価値」）に占める人件費の比率を，労働分配率と呼びます。日本の労働分配率を企業規模別にみると，2012年には，大企業（資本金10億円以上）で60.5％，中堅企業（資本金1億円以上10億円未満）で70.5％，小規模企業（資本金1億円未満）で79.5％と1975年ごろから小規模な

---

[2]　第1章で見たように，国内総生産（グロスベースの付加価値合計）から固定資本減耗を引くと，国内純生産（ネットベースの付加価値合計）が得られます。それに海外との所得移転などを考慮すると，国民所得となります。

[3]　雇用者報酬は，生産者が支払うあらゆる種類の賃金，俸給，社会保障分担金，民間の年金，損害その他の保険金，ならびに雇用者に関する同様の制度の分担金で構成されます。

168

表9-2　国民所得の分配

	1994		2000		2018	
	(兆円)	(％)	(兆円)	(％)	(兆円)	(％)
1. 雇用者報酬	261.1	71.3	269.5	70.3	283.7	70.7
(1) 賃金・俸給	230.9	63.1	236.3	61.6	241.1	60.1
(2) 雇主の社会負担	30.2	8.2	33.2	8.7	42.5	10.6
2. 財産所得 (非企業部門)	41.3	11.3	25.4	6.6	26.8	6.7
3. 企業所得 (企業部門の第1次所得バランス)	63.6	17.4	88.5	23.1	91.0	22.7
国民所得 (要素費用表示) (1+2+3)	366.0	100.0	383.3	100.0	401.5	100.0
固定資本減耗および海外との純所得移転など	-366.0		143.4		145.7	
国内総生産	501.5		526.7		547.1	
(参考)国内総生産に占める雇用者報酬	52.1％		51.2％		51.9％	

注：2011年基準による。企業所得（第1次所得バランス）は，営業余剰・混合所得（純）に財産所得の受取を加え，財産所得の支払を控除したもの。
出所：内閣府ホームページより著者加工。
　　https://www.esri.cao.go.jp/jp/sna/data/data_list/kakuhou/files/h30/h30_kaku_top.html

変動を繰り返しています。（内閣府）

　労働分配率を国際比較するときは，国民所得に占める雇用者報酬の比や，GDPに占める雇用者報酬の比が用いられます。GDPに占める比をみると，日本では表9-2のように，1990年代中ごろから50％台前半で安定しています。先進諸国では，90年代半ば以降，EU28カ国全体で緩やかながら低下傾向がみられます。2017年に28か国平均は約48％ですが，アメリカは50％台半ば，ドイツとフランスでは50％台前半を示しています。OECDによると，労働分配率の変化は技術進歩とグローバリゼーションによって説明でき，資本による労働の代替は，とりわけルーティーン度の高い産業において顕著だが，高スキル労働者のシェアが高

---

[4] 　Schwellnus,C.et al.(2018), "Labour share development over past two decades", および内閣府HP　https://www.jri.co.jp/MediaLibrary/file/report/viewpoint/pdf/10840.pdf

まれば資本による労働の代替の程度は減じられる，としています。[4]

（3）国内総支出 GDE

　経済全体で生産された価値が分配され，家計や企業などによって財やサービスを購入するために支出されます。一国の経済全体で一定期間におこなわれた支出全体を国内総支出 GDE（Gross Domestic Expenditures）と呼びます。

　財やサービスへの支出額はその財・サービスに対する需要額にほかなりませんから，経済全体で，総需要がどのように構成されているかを見ることは，経済政策を運営していくためにきわめて重要です。国内総支出は，その性質の違いから4種類に大別されます。家計などが国内の財・サービスに支出した額をしめす民間最終消費支出，家計の住宅建設や企業の設備投資，そして公共投資など，将来の生産活動のための支出である国内総資本形成[5]，政府の通常的支出である政府最終消費支出，そして海外への輸出から輸入を引いた財貨・サービスの純輸出です。民間最終消費支出は日本の総支出の6割弱を占め，ついで国内総資本形成が2割強を構成しています。本書では，これらの内容の詳細を説明しませんが，マクロ経済に関する入門書などで是非調べてみてください。[6]

3．産業連関分析と労働生産性

（1）産業連関分析

　表9-1や表9-2は，GDP という粗付加価値合計の推移を示しています。しかし，

---

[5]　マクロ経済学では，総需要の構成項目を，民間消費，民間投資，政府支出，純輸出（輸出−輸入）の4つに分類しますが，これはここで述べた国内総支出の統計データ上の分類とは一致していません。詳しくは，井上・大野・幸村・鈴木編著『マクロ経済理論入門』第3版（2019年，多賀出版）を参照してください。また，国内総資本形成には，ここに列挙した投資的性格を持つ総固定資本形成だけでなく，在庫品の増加も含まれます。

[6]　井上・大野・幸村・鈴木編著『マクロ経済理論入門』第3版（2019年，多賀出版）を参照。

表9-3　日本の産業連関表（取引基本表，2011年）

（単位：兆円）

| | | 国内需要 | | | | 最終需要部門計(e) | 国内生産額　(f) |
		第1次産業	第2次産業	第3次産業など	内生部門計　(d)		
中間投入	第1次産業	1.5	25.1	8.2	34.8	−22.0	12.8
	第2次産業	2.8	144.9	56.3	204.0	138.2	342.2
	第3次産業など	2.4	67.1	156.8	226.2	359.9	586.1
	内生部門計(a)	6.6	237.0	221.4	465.0	476.1	941.1
粗付加価値部門計(b)		6.2	105.2	364.8	476.1		
国内生産額(c)		12.8	342.2	586.1	941.1		

注：生産者価格評価表の13部門取引基本表を筆者集約。
出所：総務省ホームページ　http://www.e-stat.go.jp/SG1/estat/Xlsdl.do?sinfid＝000027354481
　　　（2015.1.10現在）

　ある国の産業構造を知るためには，粗付加価値だけでは不十分です。粗付加価値は売上から原材料費を差し引いたものですが，多くの産業は原材料費という「仕入れ」を通じて深くつながっているのです。このような産業間のつながりとその強さは「産業連関表」という一連の統計調査から知ることができます。産業連関表には，ある産業が他のどのような産業からどれくらい仕入れを行い，またその生産された財やサービスが他の産業と最終需要にどのように利用されているかが示されています。

　表9-3は，総務省公表の日本経済の産業連関表の一つである取引基本表を3つの産業にまとめたものです。[7] タテ方向の各列では，その部門（ここでは産業）の財・サービスの生産に用いられた原材料，燃料，労働力などの内訳（費用構成）が示され，「投入」（input）といいます。表太線の枠内は，産業間の中間取引を意味します。第1章で学んだように，粗付加価値＝生産額−中間投入

---

[7]　分析に必要なデータと分析方法は，総務省のホームページで広く紹介されています。
　　http://www.soumu.go.jp/toukei_toukatsu/data/io/bunseki.htm

ですから，同表で国内生産額(c)から産業間の中間取引（いわゆる仕入れ）の合計である内生部門計(a)を引くと粗付加価値部門計(b)に一致することを確認してください。GDP は国内で生産された財・サービスの付加価値合計ですから，3つの産業の粗付加価値部門計(b)の合計になり，この年は476.1兆円でした。

　一方，ヨコ方向の各行では，その部門で生産された財・サービスの販売先の内訳（販路構成）が示され，「産出」(output) といいます。最終需要部門合計(e)は国内の最終需要（消費及び投資）に輸出を加え輸入を引いたものです。特に第1次産業の最終需要がマイナスになっているのは，日本が農産物を多く輸入していることを反映しています。内生部門(d)と最終需要部門計(e)を合わせると国内生産額(f)になります。表太線枠の対角線の値は同一産業内，非対角線の値は異産業間での取引を示します。表をみると，日本経済全体で第2次産業と第3次産業は原材料と販路の両面で強いつながりがあることがわかります。

　ある産業で製品の売り上げが増加すると，その製品を製造するために必要な原材料の需要が増加するので，原材料を収めている他の産業の売上が拡大します。このように，他の産業に与える影響力の強さ，そして影響される度合いを，上記の取引基本表から計算することができます。得られた数値を視覚的に表したものが図9-3です。横軸の値は他の産業に与える影響の大きさ（影響力係数）を示し，縦軸の値は他の産業から影響されやすい大きさ（感応度係数）を示しています。全産業平均＝1とした比較になっていて，太線の交点は影響力も反応の度合いも，平均的であることを意味します。

　2011年の分析からは，日本で影響力の最も強い産業は輸送機器であり，日本を代表する自動車メーカーの影響力の強さを物語っています。自動車の種類によってちがいますが，1台を生産するために2万から3万個の部品が使われ，輸送機器産業は下請けなど多数の部品メーカーを抱えているためです。サービス産業は感応的で，他の産業の需要に強く影響されます。一方，不動産業は影響力も感応度も小さく，独立的な位置にあることがわかります。図9-2の成長率の推移をみると，2012年から第3次産業の成長に与える影響が強くなっています。表9-1のように今後さらにサービス業の比率が高まると，日本経済全体が他産業や他国の需要に影響されやすくなると予想されます。

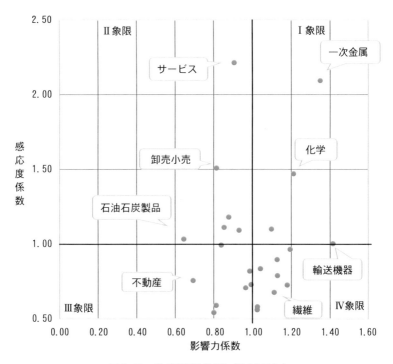

図9-3　産業連関分析（2011年）

注1：影響力係数は，自産業の需要増加が他産業に与える波及効果の大きさを，感応度係数は，他産業
　　　から受ける波及効果の大きさを示す。（全産業平均を1とする）
注2：Ⅰ象限に位置する産業は，影響力も感応度もともに高い。原材料製造業部門が多い。
　　　Ⅱ象限では，影響力は小さいが他の産業に影響され安い。各産業に広くサービスなどを提供する
　　　第3次産業部門が多い。
　　　Ⅲ象限は，独立型の産業といえる。
　　　Ⅳ象限は，影響力が大きいが影響されにくい産業で，最終財の製造部門が多い。
出所：内閣府ホームページより筆者加工。
　　　http://www.esri.cao.go.jp/jp/sna//data/data_list/sangyou/files/contents/pdf/h17/snaio_gaiyou23.pdf
　　　（2015.1.10現在）

（2）経済波及効果

　2020年には，東京オリンピック・パラリンピックが開催されます。ワールド
カップやオリンピックのような大規模イベントは，イベントに直接かかわる建
設や広告関連の企業だけでなく，仕入れを通じて他の多くの産業に影響し，景

気を拡大させます。これを「経済波及効果」と呼びます。イベント等の消費増加によって，それを受ける産業と他産業とのつながりを通じて誘発された需要の合計額であり，産業連関分析によって算出することができます。

　東京オリンピック・パラリンピックについて，2013年（招致決定年）から2030年（大会10年後）の期間，東京都の需要増加額は，直接的効果で約２兆円，レガシー効果で約12兆円，合計で約14兆円，また東京都で約130万人，全国で約194万人の雇用を生み出すと推計されています。直接的効果とは，大会開催に直接的に関わる投資・支出により発生する需要増加額を，レガシー効果とは大会後に実施される東京都内でのイベント等を抽出し，施策ごとのシナリオに基づく需要増加額を指します。[8]　試合会場などの施設整備費は，建設業を通じて資材メーカーの仕事を増やすでしょう。世界からの観戦のための観光客が大幅に増加し，日本各地に宿泊してお土産も買ってくれるでしょう。これらのため，当初の最終需要総額が約３倍に膨らみ，持続するのです。産業連関表は，都道府県別にも公表され，世界遺産登録の経済効果の分析などにも活用されています。

（3）労働生産性

　前節表9-2では，日本の労働分配率は安定し，先進国では緩やかに低下していると指摘しました。このような人件費の割合の変化は，どのような要因によるものでしょうか。GDP を Y，雇用者報酬総額を W，雇用者数を N とおくと，労働分配率（W/Y）は以下のように分解できます。

$$\frac{W}{Y} = \frac{W}{N} \times \frac{N}{Y}$$

この式の右辺の W/N は，労働者一人あたりの報酬を表します。また，N/Y の逆数である Y/N は労働者一人が生産した価値（付加価値）を表しているもので，労働生産性と呼ばれます。上の式から，近似的に次式が成立します。すなわち

---

[8]　東京都『東京2020大会開催に伴う経済波及効果』平成29年４月東京都 オリンピック・パラリンピック準備局

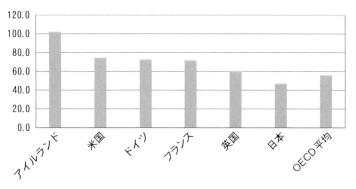

図9-4　主要国の時間当たり労働生産性（2018年）

注1：単位：購買力平価換算 US ドル
注2：資料：OECD National Accounts Database
注3：OECD 平均：各年における加盟国の平均値　※欠落データ：各国統計局データ等により補完。
出所：『労働生産性の国際比較2019』日本生産性本部
　　　https://www.jpc-net.jp/intl_comparison/intl_comparison_2019_data.pdf（2020.1.10現在）

$$（労働分配率の変化率）＝（労働者一人当たり報酬の変化率）$$
$$－（労働生産性の変化率）$$

　これより，労働生産性が低下すると，報酬が変わらなくても労働分配率は上昇します。統計データ上の労働生産性という指標は，基準年（あるいは基準国）を100とする指数であらわされることがあります。労働の効率性を判断する指標で，人手を多く利用する労働集約型の産業では低く，資本集約的な産業では高くなります。諸外国と比較すると，日本の労働生産性は2018年時点で，OECD加盟36カ国中21位と低く，メキシコより高いものの，ヨーロッパ諸国やアメリカと比べると低く，アイルランドの半分以下です（図9-4参照）。中国をはじめとするアジア諸国では，技術水準が向上しています。一方，日本の製造業は賃金等のコストが相対的に高いため，国際競争において優位に立てなくなっているとされています。また国際競争力は，技術だけでなく為替レートにも大きく影響されます。（第8章の産業空洞化の議論を思い出してください。）

4．所得分配と不平等度

　国民一人一人の豊かさを知るには，生産された付加価値がどのように国民間に分配されているか調べる必要があります。上記の労働分配率は，あらたに作り出された価値が，労働者と企業の間でどのように分配されたかを示すものでした。しかし，労働者全体への分配を調べても，国民間の分配の様子を知ることはできません。第二次大戦後の日本は，資本主義諸国のなかでもきわめて所得分配の平等度が高く，国民間で分配が比較的均等に行われ，ぶ厚い中間層が成長を支えたといわれてきました。現在はどうでしょうか。

　たとえばA国では低所得者の比率が高く，高所得者の比率が低いとしましょう。反対にB国では，中所得者の比率が高くなっているとします。このとき，直感的にA国のほうが不平等度は高いように思われますが，いったいどれくらい不平等の程度に違いがあるのでしょう。

　ある経済の分配の不平等度を表す指標には数種類ありますが，その中でもジニ係数と相対的貧困率が最もよく利用されています。ジニ係数は，イタリアの統計学者C.ジニの名を冠したもので，完全不平等（全ての所得を1人が独占）にどれだけ近いかを表わす比率です。0から1の値をとり，100をかけたパーセント（％）で示す場合もあります。1または100％に近いほど不平等度が高いということになります。さまざまな所得の散らばりを1つの数値で捉えるため，この値を用いて国や地域などの不平等度を直接比較することができます。[9]

　図9-5から，諸外国のジニ係数と子どもの貧困率をみてみましょう。ジニ係数では2016年に先進諸国の中で最も平等度の高い（ジニ係数の低い）国のひとつは，図中のフィンランドです。最も不平等度の高い国はメキシコです。0－17歳の貧困率をみると，一部の高所得者層が所得の多くを受け取っていると思われているアメリカでは貧困率が20％で，5人に1人の子どもが貧困状態にあります。日本では7人に1人の子どもが，母と子のひとり親世帯では半数以上が，

---

[9]　ジニ係数の作成方法については，「統計学の基礎」中西寛子，2006年，多賀出版，36頁を参照。

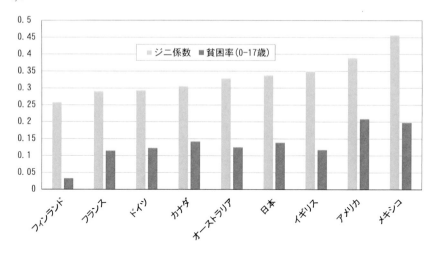

図9-5　OECD諸国におけるジニ係数と子どもの貧困率

注：日本のみ2015年，それ以外は2016年値。世帯可処分所得は税引後，所得再分配後の所得。2012年以降の自営業者自己消費分を所得に含む。

出所：OECDホームページより筆者作成。https://stats.oecd.org/（2020.1.10現在）

　貧困に苦しんでいます。2014年から施行された「子どもの貧困対策法」による支援のさらなる充実が求められます。

　ジニ係数は，資産についても同様に計算することができます。資産は過去からの所得の蓄積によって形成されるもので，資産価格の変動も激しいため，所得の場合より不平等度は高まる傾向にあります。日本では，1980年代後半から大幅に資産格差が拡大したといわれ，バブル期後半には株価や地価の高騰のため先進諸国で最も資産の不平等度が高かったと指摘されています。[10]

---

[10]　『日本の経済格差』橘木俊詔，1998年，岩波新書。

アドバンス

相対的貧困率と中央値

　貧困率には，絶対的貧困率と相対的貧困率があります。前者は，必要最低限の生活を維持するための食料などを購入できる所得に達していない貧困者が，全人口に占める割合です。世界銀行では一日の所得が1.25米ドルを貧困ラインとしていますが，基準は国や時代によって異なります。

　国全体が豊かな場合とそうでない場合では，「貧しい暮らし」の考え方も異なります。例えば，電気や水道が普及している日本で電気が使えないのは大変つらいことですが，電気が普及していない国では普通のことでしょう。相対的貧困率は，このような国や地域ごとの豊かさの違いを考慮し，国内の標準的暮らしに対する貧しさを求めています。

　具体的計算方法を説明します。まず，等価可処分所得といって，税など支払い後の所得を世帯人数の平方根で割ることで，世帯人数の違いを除去した所得を求めます。この所得を低い方から高い方に順に並べ，ちょうど真ん中になる人の値を所得の中央値とします。貧困ラインは，この所得の中央値の半分の所得です。貧困率はこの貧困ラインを下回る（中央値の半分未満の所得）で暮らす世帯が全体に占める割合のことです。

　ジニ係数に比べて貧困率は，頻繁にニュースで紹介されています。その理由は，作成の容易さと直観的理解のしやすさにあるでしょう。作成が容易な理由は，ジニ係数の場合中央値だけでなく，それ以外の分布の状況（例えば，低い方から25％や高い方から25％など）を調べる必要があります。ところが貧困ラインは，中央値がわかれば計算ができます。

　またジニ係数が，例えば0.4と言われても，値そのものの意味はわからないでしょう。しかし貧困率40％というと，全人口の40％の人が貧困の状態にあるので，直観的にも理解が容易です。

　また貧困率は，国や地域全体だけでなく，年齢別（例えば０歳から17歳や，76歳以上）というように，特定のグループをきめてその中での相対的な貧しさを示す場合にも，頻繁に使われます。現在日本では，一人親世帯の子供の貧困率と高齢者世代の貧困率が，先進国の中でも極めて高いと指摘されています。

中央値

　相対的貧困率はなぜ平均値でなく，中央値を使うのでしょうか。みなさんは「平均値」という言葉を聞いて，どのようなイメージを抱くでしょう。

　「平均的な身長」というと，低い人から高い人まで身長に違いがあっても，真ん中の身長と思うでしょう。しかも，真ん中の身長と同じくらいの身長の人びとがたくさんいると想像するのではありませんか。

　身長や体重の場合は，中央値と平均値はほとんど変わりません。しかし所得や資

178

産のように，多数の貧しい人々と少数の極めて豊かな人々がいる場合，「平均的な人」は実は実在しない架空の人になってしまいます。

　このことを７人の国で見てみましょう。下図に左から所得の低い順に７人を並べました。中央値は４人目の「20万円」です。平均値は「163万円」ですが，実際にその値に近い人は誰もいない，実態を反映しない値になっています。経済データにはこのように，身長や体重と異なる傾向を示すものが多くあります。平均だけにとらわれず，全体のちらばりをみることが大切です。

12, 14, 15, 20,　31, 47　　　　　　　　　（平均値163）　　　　　　　999
(万円)

〈本章のまとめ〉

1．さまざまな市場は，財・サービス市場，生産要素市場，金融市場の３つに分類されます。財・サービス市場では，食料品や自動車などの財と教育や医療などのサービスが取引されます。生産要素市場は，生産のために利用される労働力や資本，土地などの生産要素サービスが取引される市場です。金融市場では，家計の貯蓄が銀行などを通じて企業に貸し出されます。国内総生産 GDP は，それを生産するために労働などの生産要素を提供した主体に，所得として分配されます。分配された GDP は，財市場で購入するために支出されます。したがって，国内総生産 GDP＝分配面から見た GDP＝国内総支出 GNE が常に成立します。これを三面等価と呼びます。

2．生産高を産業別にみると，1970年以降所得の増加にともなって，第１次産業から，第２次産業，第３次産業へと産業のウエイトがシフトしています。これを「ペティ＝クラークの法則」といいます。第３次産業のシェアは2018年に71.9％に達しています。特にサービス産業の比率が急増しています。

3．付加価値が労働者に分配されている割合を労働分配率と呼びます。日本の労働分配率は戦後上昇，50％台で安定してきましたが，その一方で労働生産性は，諸外国と比較して低い水準にあります。

4．所得がさまざまな所得階層にどのように分配されているかという，不平等度を示す値をジニ係数といいます。ジニ係数は０から１（あるいは０％から100％）の値をとり，値が大きいほど不平等です。（相対的）貧困率は，世帯人数の違いを調整した可処分所得が全世帯の中央値の半分（貧困ライン）未満の世帯数の割合です。日本のジニ係数は北欧諸国と比較して高く，1980年代からやや上昇傾向にあります。また子どもの貧困も深刻で2014年に「子どもの貧困対策法」が施行されました。2015年には７人に１人の子どもが貧困状態にあ

ります。資産を考慮するとさらに不平等度は拡大するといわれています。

── ■その他のキーワード■ ──

労働生産性　企業あるいは経済全体で新たに作り出された価値（付加価値）を延べ
　　従業員数で割った値で，基準年（あるいは基準国）を100とする指数であらわさ
　　れます。

《練習問題》

問1：以下の文章の空欄を，適切な語句で埋めましょう。

(1)　一国内で一定期間に作り出された付加価値の合計である　　①　　は，その生
　産に利用された労働力，　　②　　，　　③　　などの生産要素サービスの提
　供者に，　　④　　，　　⑤　　，　　⑥　　としてそれぞれ分配されます。
　このようにして分配された所得は，財・サービスに支出されます。したがって，経
　済全体でみると，　　①　　，分配面から見た　　①　　，　　⑦　　は一
　致します。これを　　⑧　　と呼びます。

(2)　付加価値のうち，労働者に分配されている割合を　　⑨　　分配率と呼びま
　す。この率は，一人当たり賃金が　　⑩　　すると上昇し，　　⑪　　が上昇
　すると　　⑫　　します。

第10章

データを分析してみよう

　ここまで国全体の経済活動についての大まかなしくみや制度について，現状の紹介や専門用語の解説を行いました。では，不況や失業，バブルや貿易黒字は何故発生するのでしょうか。しくみや制度の学習に続く次のステップは，経済的現象の発生メカニズムに関わる学習です。そこでは，一見複雑に見える経済現象を抽象的に表現した「モデル」を使って分析します。

　その橋渡しとして，10章では，どうやって実際の経済現象をモデルに置き換えていくのか，について紹介します。

✎ 本章で学習すること

1. 気温とアイスクリームの購入額を例にとって，経済データ間の関係を，視覚的に捉える方法について学びます。
2. 統計的な分析によって，視覚的な法則性を数値で表現する方法を学習します。
3. 因果関係と関数について，所得と消費との関係を示す消費関数を例として学習します。
4. 関数とグラフの関係を，消費関数と，利子率と投資との関係を示す投資関数を例として学びます。

1．散布図を描いてみよう

　「経済学」という学問は，いろいろな経済活動にある種の法則性を発見し，法則性が存在する理由を解明する学問です。では，どのようにしたら一見複雑そうに見える経済現象から法則性を見出すことができるでしょうか。幸い，ここ

表10-1　気温とアイスクリーム購入額

	東京の平均気温 (℃)	一世帯当たりのアイス クリーム購入額*(円)
1998年 1月	5.3	364
1998年 2月	7.0	331
1998年 3月	10.1	425
1998年 4月	16.3	600
1998年 5月	20.5	801
1998年 6月	21.5	790
1998年 7月	25.3	1170
1998年 8月	27.2	1273
1998年 9月	24.4	763
2000年11月	13.3	354
2000年12月	8.8	430

＊　アイスクリーム購入額には，シャーベットの購入額を含む。
出所：東京の月平均気温：日経 NEEDS CD-ROM 2003年。一世帯当たりのアイスクリーム購入額：『家
　　計調査年報』総務省，1999年，2000年，2001年

ま------の章で紹介した経済活動は数字で記録されているものがほとんどでした。
そこでこの章では，数値データで表現された経済活動について，データとデータの間の関係を把握する方法について紹介したいと思います。方法論に関する記述が主になりますので，以下では，マクロ経済データではなく「アイスクリームの売上げと気温」の関係を例にとって考えてみることにします。

（1）アイスクリームの売上げと気温

　表10-1は，1998年 1 月から2000年12月までの東京の月別平均気温と一世帯当たりのアイスクリームの購入額についてのデータです。表10-1の数値データは，時間の経過とともに記録されたデータなので「時系列データ」と呼ばれます。（詳細は「アドバンス」を参照。）

　アイスクリームは，季節ごとに売れ行きが変化する商品です。気温が高い時期ほど売上げが多く，気温が低くなると売上げも減少するであろうことは直感

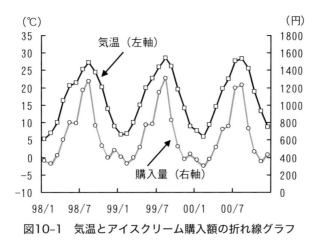

図10-1　気温とアイスクリーム購入額の折れ線グラフ

的に予想できます。ではこの直感的な「法則性」を数式で表現する方法を考え
てみましょう。その準備として、データを視覚的に表す方法を2つ紹介します。

（2）折れ線グラフと散布図

　図10-1は気温とアイスクリーム購入額のデータの折れ線グラフです。横軸は
時間（年月）を示し、左側の縦軸は気温を、右側の縦軸はアイスクリームの購
入額を表します。折れ線グラフは、購入額と気温が時間の経過とともにどのよ
うに推移したのかを表現するのに適しています。

　図10-1から、2本の折れ線はおおむね同じように上昇と下降を繰り返してい
ることがわかります。さらに、気温が高い月と売上げの多い月、気温が低い月
と売上げの少ない月とがおおむね対になっており、気温が上がるとアイスク
リームの購入額が増加するだろうという直感的な関係を裏付けています。

　次に、同じデータを使って、横軸に気温を示す軸、縦軸に購入額を示す軸を
とったグラフで見てみましょう。図10-2は先ほどと同じ数値を図示したもので
す。このグラフを散布図と呼びます。散布図上の点は、各月の気温と販売量の
組み合わせを表しています。1998年8月の値を例に、表10-1と図10-2の関係を
確認してみましょう。表10-1によれば、1998年8月の平均気温は27.2度、一世帯

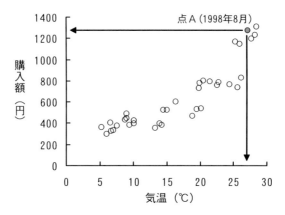

図10-2　気温とアイスクリームの購入額の散布図

当たりの購入額は1273円でした。図10-2中では，点 A（図10-2中の右上の青色の丸）が1998年8月の気温と購入額を示しています。点 A から下に伸びた矢印の先はその月の平均気温が27.2度であったことを，また左横に伸びた矢印の先は購入額が1273円であったことを示しています。このように，一組のデータを横軸と縦軸の座標データに置き換えて表記するのが散布図です。図10-2には，3年間36ヶ月分の気温と購入額の組み合わせが，36個の点で表わされています。図10-2からは気温が高い時期の消費額は多いこと，つまり気温と販売額との間におおむね「右上がりの関係」が観測できます。[1]

　アイスクリームの販売額は気温だけに左右されるものではありません。新商品の開発や販売キャンペーンなども少なからず販売額に影響する要因でしょう。ですから，気温と現実の購買額との関係は直線的なものではなく，実際には図10-2中の36個の点で表されるように直線の周りに散らばっています。

---

[1]　右上がりの関係を「プラス（正）の関係」とも言います。

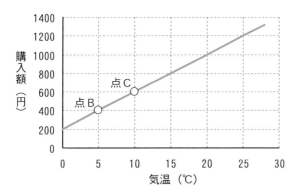

図10-3　気温とアイスクリーム購入額の関係

2．法則性と回帰直線

　気温とアイスクリームの購入額との間のある種の法則性は直感通りで驚くに値しないでしょう。むしろ興味があるのは「気温が何度ならば購入額がいくらになる」とか「気温が平年よりも一度高くなるならば購入額は平年よりもいくら多くなる」といったような数量的な関係ではないでしょうか。

　そのためには，これまでの視覚的な法則性をもうすこし客観的に示す方法を考える必要があります。そこで，点の全体的な散らばりの傾向を１本の直線に置き換える方法を考えます。

　その前に，直線の意味について復習しておきましょう。

（1）直線が示すこと

　平均気温と購入額との関係が図10-3の直線のような関係で表せるものとします。図からは気温５度での購入額は400円（点 B），10度ならば600円（点 C）であることが読み取れます。さらにこの直線は，気温が１度だけ上昇することでアイスクリームの購入額は

186

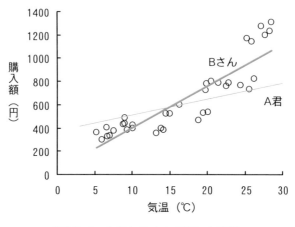

図10-4　A君とBさんの引いた直線

気温1度上昇に伴う購入額の増加分＝(600−400)÷(10−5)＝40円

増加する傾向にあることを示しています。[2]　また，気温0度のときの購入額は200円ですので，直線の式は

購入額＝200＋40×気温

となります。

（2）散らばった点を代表する直線を引くにはどうするか？

図10-4は，先ほどの散布図にA君とBさんがそれぞれ直線を2本追加した図です。いずれも右上がりの直線ですから，「気温が高いほど購入量が多い」という関係を示しています。ではA君の直線とBさんの直線とでは，どちらの直線の方がより点全体の傾向を代表している線といえるでしょうか。

36個の点を代表する直線を引くといっても，すべての点を通過するような線

---
[2]　これを直線の「傾き」と呼びます。

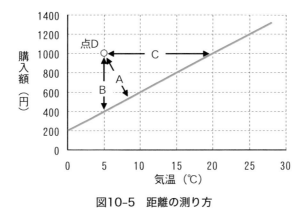

図10-5　距離の測り方

を引くことはできません。そこで，できる限りどの点からも離れていない場所に線を引くこととします。そのような場合，点から線までの距離の測り方には，図10-5に示すように3通りの方法があります。

　ここで重要となるのが「何によって何を説明しようとしているのか」です。ここでは購入額（＝結果）がいくらになるかを平均気温（＝原因）で説明しようとしています。分析に先立ってデータ間にこのような因果関係を想定する場合は，結果を縦軸に原因を横軸にとった図10-5のようなグラフでは点Dから線までの距離を縦軸方向のBの両矢印の長さで測ります。つまり，気温5度の時期は本来ならば購入額は400円になるはずであるのに，図では1000円になっています。そして実際の購入額が本来の購入額よりも600円多くなってしまった理由を，原因と考えていること以外の要因，例えば冬季限定商品が広告戦略により大ヒットしたことなど，で説明します。この点から線までの距離を統計学では「誤差」と呼びます。

　36個の点全体の傾向を代表する線であれば，36個の点から引いた36本の縦軸方向の両矢印の長さ，すなわち誤差の「全体的な長さ」が他の線よりも短くなっているはずです。「全体的な長さ」を表すものとして，Bの両矢印の長さを利用した，次の値を使うことができます。すなわち

188

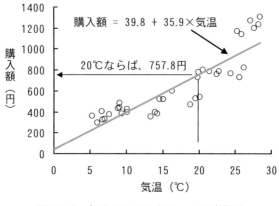

図10-6　気温とアイスクリームの消費量

　　1本目の両矢印の長さ＋2本目の両矢印の長さ＋…
　　＋36本目の両矢印の長さ

あるいは

　　1番目の誤差の絶対値＋2番目の誤差の絶対値＋…＋36番目の誤差の絶対値

です。一つの考え方として，この合計が一番小さくなるように線の位置を決定する方法があります。統計分析では，この基準を「最小絶対誤差」と呼びます。直感的にはわかりやすい基準なのですが，データ分析上は難しい方法であるため，実際には

　　(1番目の誤差)の2乗＋(2番目の誤差)の2乗＋…＋(36番目の誤差)の2乗

が一番小さくなるように線の位置を決定する方法が使われます。この基準を「最小二乗」基準と呼びます。図10-4ではBさんが引いた直線が最小二乗基準にもとづいた線であり，一般に回帰直線と呼びます。この基準にもとづく場合，A君よりもBさんの直線の方が点全体の傾向を代表した直線であるといえます。

（3）回帰直線からわかること

　図10-6は，最小二乗基準にもとづく回帰直線とその式です。本節の締めくくりとして，この式の活用方法について考えてみましょう。アイスクリームの製造販売を行うY社は，来月の製造計画を策定中です。原材料の調達量は，予想される需要量に左右されます。過去3年間のデータから計算した気温とアイスクリーム需要の関係から，例年であれば平均気温が20度の来月の購入額は一世帯757.8円になりました。ところが異常気象の影響を受け，気象庁の予報は例年よりも5度高い25度になったとします。この場合，予想購入額は35.9（円/度）×5（度）＝179.5（円）増額しますから，原材料の仕入れをその分増やさなくてはなりません。このようにして，Y社は生産計画の立案に気温と購入額との間の法則性を活用することができるでしょう。

3．因果関係と関数

　前節で検討した気温と一世帯当たりのアイスクリームの購入額の関係は，因果関係が自明なもの，すなわち，気温が上昇するからアイスクリームを購入するのであって，アイスクリームを購入するから気温が上昇するのではない，として両者の関係を回帰式で表現し，1度気温が上昇すると，一世帯当たりのアイスクリーム購入額は35.9円増加するという関係を導き出すことができました。このような関係は一般的には関数として表現できます。

　第2節の関係式において，アイスクリーム購入額を y，気温を x と置いて，この関係式を表現しますと次式のようになります。すなわち，

$$y = 39.8 + 35.9x$$

です。これは1次式で，グラフ上で表現すると，図10-6に示すような直線になります。この1次式で表現された関係は，x の値が決まれば，それに応じて，y の値も決まるという関係を示しています。因果関係の方向性を考えると，x が原

因で，y が結果になります。

　このような関係を一般的な関数の形で表現しますと，次式のようになります。すなわち，

$$y = f(x) \qquad\qquad\qquad (10-1)$$

です。f は function（関数）の頭文字で，$f(\cdot)$ は関数の一般的な表現です（・は何らかの変数が入ることを示しています）。一般的に，「関数」とは x の１つ１つの値に対応して，y の値が１つずつ決まる関係を指します。$(10-1)$ 式は，「y は x の関数である」ということを一般的な式の形で表現したものです。y が x に依存している場合，x を独立変数（または経済学でよく使う表現では説明変数），y を従属変数（同様に被説明変数）と呼びます。このような表記は，因果関係についても，x が原因で y が結果である，ということを表現しています。

　経済変数相互の間にも，因果関係を表す関係式を考えることができます。ここでは，経済理論モデルを考えるはじめの一歩として，経済行動を表現する関係式について，学習します。

（1）消費関数

　いろいろな経済行動にはつながりがあります。例えば，世帯の消費行動は世帯の構成員が生きていくために必要な行動ですが，世帯の消費の大きさは，家族構成や所得によって違うでしょう。育ち盛りの子供の多い世帯は子供の少ない世帯に比べて，食費や教育費を多く支出するでしょう。また，所得の多い世帯は消費額も比較的多くなるでしょう。余裕があれば，必要不可欠な食費や衣料品，住居費を超えて，食材も豊かに，おしゃれもして，広い邸宅に住んでいたりするでしょう。このような１時点での社会の各世帯の所得と消費の関係に着目するのが，横断面（クロスセクション，Cross-section）のデータにもとづく消費関数です（アドバンス参照）。また，景気の善し悪しによって，消費額も変わるでしょう。景気が良く，ボーナスも増えれば，これまで我慢してきた，多少贅沢な家具などを購入したりすることもできるでしょう。あるいは，景気が

表10-2　M市の世帯の消費と所得

（単位：万円）

世帯	消費 C	所得 Y
A	10	0
B	16	10
C	22	20
D	25	25
E	28	30
F	34	40
G	40	50
H	46	60
I	52	70
J	58	80
K	64	90
L	70	100

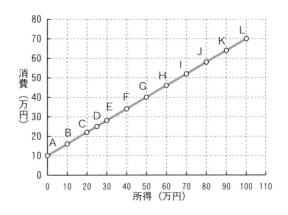

図10-7　M市の消費関数のグラフ

悪くて，残業代も稼げず，あるいは，失業するようなことでもあれば，切りつめた生活をするようにもなるでしょう。このような種々の時点での全世帯（これを家計部門と呼びます）の所得と消費の関係に着目するのが，時系列データにもとづく消費関数です。以下では，世帯の消費行動を表現する式として，横断面の消費関数について検討します。

　表10-2は仮想的な東京都M市に住んでいる12世帯の月次の消費と所得を表にしたものです。たまたま失業していて所得がない世帯Aが10万円の支出をしています。貯金から下ろして使っているのでしょう。所得が10万円の世帯Bが16万円の消費をしています。これも不足分は貯金から補っているのでしょう。所得が消費を下回っている世帯が3世帯あります。所得と消費が等しいのは所得が25万円の世帯Dです。それ以上になると，所得の方が消費を上回っています。例えば，所得が30万円の世帯Eは28万円を消費して，残り2万円を貯蓄しています。所得が40万円の世帯Fになると消費は34万円，100万円の所得の世帯Lでは消費は70万円で残りの貯蓄は30万円に増加しています。表10-2に示されている所得と消費の間の関係には明確な規則性があります。

　まず，所得がゼロでも消費はゼロでないことが示されています。第2に，所

得が10万円増加したとき，消費は 6 万円ずつ増えています。その結果，所得が
ない状態から10万円に10万円増加したときには消費は10万円から16万円へ 6
万円［＝16－10］増加しています。この所得の増加分に対する消費の増加分の
比率は 6/10＝0.6で，どの所得の家計でも同じになっています（この比率は限界
消費性向と呼ばれます）。[3]

　いま，横軸に所得をとり，縦軸に消費をとった散布図を考えます。図10-7は
表10-2の M 市の世帯の消費と所得の関係をプロットしたものです。所得がゼロ
のときの消費は10万円なので，縦軸上の10の所の点Aに表10-2の 1 行目の世帯
Aの組合せが対応します。2 行目の世帯 B の組合せは所得10万円に消費16万円
が対応していますので，横軸の10の上に立てた垂線と縦軸の16の所での水平線
との交点 B で示されます。同様に，3 行目の世帯 C の消費22万円と所得20万円
の組み合わせは，横軸座標の20からの垂線と，縦軸座標22からの水平線の交点
C で示されます。このようにして，表10-2の各組合せをプロットして得られた点
が以下，点 D から点 L まで示されます。これらの点は直線上に並んでいて，こ
れらの点を結ぶと，縦軸切片が10，傾きが0.6の直線になります。この直線の式
は次式で示されます。すなわち，

$$C=10+0.6Y \tag{10-2}$$

です。上の式の右辺の Y に 0 を代入すると C の値は10，Y に10を代入すると C
の値は16，飛んで，Y に100の値を代入すると C の値は70というように，表10-2
の組合せが再現できます。つまり，（10－2）式は表10-2の消費と所得の組合せ
を完全に再現できる式になっています。しかも，（10－2）式は所得 Y の値が与
えられると，C の値が決まるという関係として，消費 C と所得 Y の関係を示し
ています。しかも両者の関係は所得 Y が増加すれば消費 C も増加するという関
係を具体的に表しています。このような関係をより一般的な表現で，消費 C は

[3]　限界消費性向という呼び方は英語の Marginal Propensity to Consume の訳語です。Margin-
al は「端っこにおける」という意味ですから，これまでの所得に対してさらに追加的な所得
があった場合に，どれだけ追加的な消費がなされるかという意味で使われています。「限界」
の意味はそのような意味での「限界での」という意味です。詳しくは井上・大野・幸村・鈴
木編著『マクロ経済理論入門』第 3 章参照。

所得 Y の増加関数であるといいます。

　さて，（10－2）式は所得 Y が消費 C の値を決定する（説明する）ものとして，因果関係をとらえていることになります。数式としては（10－2）式も C と Y の関係を表現しているにすぎませんが，世帯の経済行動を叙述する式としては，Y が C を決定するという，因果関係を表現しています。式の右側にある変数 Y が式の左側にある変数 C を説明することになっていますので，変数 Y が説明変数で，変数 C が被説明変数です。（10－2）式のように，経済主体（例えば，世帯，あるいは世帯全体を統合した家計部門）の経済行動を叙述した式のことを行動方程式と呼びます。

4．関数とグラフ

（1）消費関数とそのシフト

　図10-7は（10-2）式をグラフに示したものです。このグラフは M 市の世帯の横断的な消費と所得との関係を表しますので，M 市の消費関数と呼ぶことにしましょう。所得 Y の値が変わるとき，消費 C の値も変わり，C と Y との組合せを示す点は A，B，C，… L，のように，この消費関数上を移動します。

　いま，M 市の土地の値段が上昇し，どの世帯の資産も急に増えたとします。このとき，どの世帯もどの所得水準でも消費を10万円増加させたとします。つまり，所得がゼロのときでも消費は従来の10万円に替わって20万円へ，所得が10万円のときの消費は従来の16万円から26万円へ，所得が50万円のとき消費50万円と等しくなり，所得が100万円のときの消費は70万円の替わりに80万円というように増加させたとします。新たな M 市の世帯の消費と所得の関係は表10-3の 1 列目の消費 C' と 3 列目の所得 Y の組合せに示されています。消費が10万円増加した新たな M 市の消費関数は次式のようになります。すなわち，

$$C = 20 + 0.6\,Y \tag{10－3}$$

表10-3　地価上昇後のM市の
　　　　世帯の消費と所得

消費 C'	消費 C''	所得 Y
20	20	0
26	27	10
32	34	20
38	41	30
44	48	40
50	55	50
56	62	60
62	69	70
68	76	80
74	83	90
80	90	100

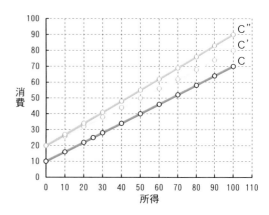

図10-8　M市の消費関数のグラフとそのシフト

です。また，この新たなM市の消費関数 C' のグラフは図10-8の C' に示されていますように，縦軸切片が20の所に上方に移動し，どの所得水準でも消費が10だけ増加していますので，元の消費関数 C のグラフに10の幅で平行な直線になります。

　地価の上昇による消費の増加は単にどの所得でも消費が10万円増加するというだけには留まらないかもしれません。というのも，資産価格の上昇は退職後に消費するために貯蓄する必要のある額を減少させるからです。いま，それぞれの所得で消費が10万円増加するだけでなく，所得が10万円追加されるにしたがって，増加する消費が以前の6万円から7万円に増加したとします。その場合には，所得がゼロから10万円に増加したとき，増える消費は6万円の替わりに7万円になり，消費は16万円ではなく，17万円になります。所得が20万円に増加した場合には，消費は24万円に増加します。所得が100万円の場合の消費は90万円で貯蓄は10万円になります。このような新たなM市の世帯の消費と所得の関係は表10-3の2列目の消費 C'' と3列目の所得との組合せとして示されています。

　すると，この場合の新たなM市の消費関数は次式のようになります。すなわち，

$$C = 20 + 0.7Y \qquad\qquad (10-4)$$

です。このグラフは図10-8の C'' に示されるように，縦軸切片は20と C' と同じですが，傾きが0.7と C' より急な直線になっています。

　このように，消費関数に影響を及ぼす外部的な条件が変化したために消費関数の全体が移動することを，消費関数のシフトと呼びます。これは所得 Y が増加したために消費 C が増加する消費関数上の点の移動とはまったく違った意味を持っています。新たな条件の下で，所得 Y が増加すれば，それに対応する消費 C は新しい消費関数上で与えられ，所得 Y と消費 C との組合せを示す点は新しい消費関数上を移動します。

（2）投資関数とそのグラフ

　さて，上の消費関数は横軸の Y の関数として消費 C を説明するものですが，経済学では，価格変数を縦軸にとって，価格の変化が横軸にとった数量に対してどのような影響をもたらすかをみる慣習があります。ミクロ経済学で学ぶ需要曲線は財に対する需要量を財の価格の関数として表現しますが，グラフで表示する場合に縦軸に価格，横軸に財の需要量をとる慣習になっています。マクロ経済学でも同様の慣習があります。ここでは，その一例として投資関数について検討します。

　投資は経済動向を説明する非常に重要な変数です。そもそも投資は将来の財の生産に役立つ機械などの資本財を購入することです。企業が投資をするのは，資本財を追加することによって得られる将来の財の生産から十分な利益が上げられると判断するからです。このような投資は以下に示すような理由で利子率の水準に応じて変動しますので，投資は利子率の関数として表現されます。この関係を投資関数と呼びます。投資関数を図示する場合には，縦軸に利子率をとり，それぞれの利子率にどのように投資が対応するかを示します。第3章で学習したように，利子率は貨幣を貸借する場合の貸借価格で，借りた人は貸借期間終了時までに，元本と利子を合わせて返済する必要があります。

　表10-4は仮想的なJ国のある時点における利子率と投資との関係を示しています。利子率以外の投資に影響を及ぼす変数の値は一定と仮定されています。企業が銀行から借り入れる利子率が８％の時には投資は10兆円，利子率が７％に低下したときには15兆円に増加しています。借入利子率が低下すると，どうして投資は増加するのでしょうか。上に見たように，投資は将来の財の生産に役立つ機械などの資本財の購入です。企業が投資をするのは，資本財を追加することによって得られる将来の財の生産から十分な利益が上げられると判断するからです。

　さて，投資によって生じる利益額の投資額に対する比率が投資収益率になりますが，投資から得られる利益は何期間にもわたって得られますので，違う時期に得られた利益をどのように投資額と比較するかが問題になります。考え方としては，金利についての複利計算（第３章２節参照）と同様の考え方をして，投資額が一定の収益率で運用された場合に，将来の粗収益がもたらされると考えて，この場合の一定の収益率を求めます。ただし，「粗」は資本財の減価償却を含むという意味です。これをここでは投資収益率と呼びます。[4]この投資収益率は各種の投資プロジェクトによって異なります。また，同一プロジェクトでも投資量によって変化します。利子率が８％のときには，収益率が８％ないしそれ以上の投資が実行されるでしょう。というのも，利子率以上の収益率が上げられれば，利子と元本を支払った後にも利益が残るからです。

　さて，一国における投資は種々の企業が実行する投資の総額で，それが10兆円ということです。利子率が７％に低下したときには新たに５兆円が投資に加わり，全体としては15兆円の投資が実現されます。１％の利子率の低下で，５兆円の投資が新たに追加されます。利子率が６％に低下した場合にはさらに５兆円が追加され，投資は20兆円になります。以下同じように１％の利子率の低下は新たに５兆円ずつの投資の追加をもたらし，利子率が０％になったときには投資は50兆円になります。

---

[4]　投資収益率は投資の限界効率とも呼ばれます。この詳しい求め方については井上・大野・幸村・鈴木編著『マクロ経済理論入門』を参照。

表10-4　投資関数

利子率 r (%)	投資 I (兆円)	投資 I' (兆円)
10	0	
9	5	
8	10	0
7	15	5
6	20	10
5	25	15
4	30	20
3	35	25
2	40	30
1	45	35
0	50	40

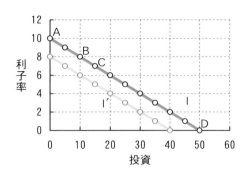

図10-9　J国における投資関数のグラフと
そのシフト

　逆に，利子率が 8 ％から 9 ％へ 1 ％上昇した場合には投資は 5 兆円へ 5 兆円減少します。さらに，利子率が10％に上昇した場合には，投資は 0 へ減少し，まったく投資が行われなくなります。10％以上の利益率の投資は存在しないということです。

　以上のように，投資 I は利子率 r が上昇すれば減少するという関係にありますので，投資は利子率の減少関数であるといいます。

　図10-9は表10-4をグラフにしたものです。縦軸に利子率をとり，横軸に投資をとります。利子率が10％のときに投資は 0 ですから，この場合の組合せを示す点は縦軸上の10の所，A 点に位置しています。利子率が 8 ％のときには投資は10兆円行われますので，縦軸の 8 ％で引いた水平線と横軸の10で立てた垂直線との交点 B で，この組合せは示されます。同様に，利子率が 7 ％に低下したときには，投資は15兆円になり，C 点（15，7）で，この組合せは示されます。利子率が 0 ％になったときには，投資は50兆円，横軸の50の所で，この組合せは D 点で示されます。このような利子率と投資の組合せの各点を結ぶと，図に示すように，右下がりの直線になります。この直線の式は，投資を利子率の関数として，次式のように表せます。すなわち，

$$I=50-5r \qquad\qquad\qquad (10-5)$$

です。ただし，I：投資（兆円），r：利子率（％）です。$r=0$のときの投資は50で，利子率が1％上昇すると投資は5減りますので，rにつく係数は－5になります。$r=10$のときには，$I=0$となります。表10-5の利子率と投資の全ての組合せが（10－5）式の直線上の点として表されています。

　（10－5）式は投資Iを利子率rの関数として表現していますので，投資関数とよびます。利子率rが説明変数で，投資Iが被説明変数です。利子率rは説明変数ですが，図10-9では，慣例に従い，価格変数である利子率rを縦軸にとり，被説明変数の投資Iを横軸にとっています。

　さて，投資を決める要因は利子率だけではありません。将来の見通しに大きく左右されます。例えば，いま，J国が日本で，（10－5）式は日本の投資関数であるとします。デフレ不況の中で，中国との競争に圧されて，投資をしても日本で将来生産されるコストの高い財が売れるかどうか，不確実性が高い状況の中では，将来得られる収益見通しが立ちません。そのようなときには，利子率が同じ8％でも，投資はまったく行われないということもあり得ます。利子率が7％に低下したとき，以前は20兆円の投資が行われたのに，新しい悲観的な見通しの下では，5兆円しか行われません。しかし，利子率が1％低下したときの投資の増加幅は以前と同じ5兆円のままです。というのも，利子率の低下の影響は新しい環境の下でも，以前と同じ効果を持っているからです。将来の見通しと利子率はそれぞれ別個の独立した要因で，それぞれの効果は相互に独立しています。以前の見通しの下でも，新しい悲観的な見通しの下でも，利子率の1％の低下の効果は投資を同じ5兆円だけ増加させる効果を持ちます。同様に，利子率が5％に低下したとき，以前であれば，25兆円の投資が行われましたが，新しい悲観的な見通しの下では，15兆円しか行われません。利子率が0％になったときには，以前には50兆円の投資が行われましたが，新しい悲観的な見通しの下では40兆円しか実現できません。図10-5の下側の投資関数は新しい悲観的な見通しの下での投資関数を図示しています。投資は7％以下のどの水準の利子率のときにも，以前と比較して，10兆円少なくなっています。

アドバンス

データの性格（時系列とクロスセクション）

表10-5　各国の GDP（米ドル表示，単位：10億ドル）

	アメリカ	カナダ	ドイツ	イギリス	イタリア	フランス	日本
2007	14,478	1,458	3,329	2,858	2,130	2,667	4,356
2008	14,719 [a]	1,543	3,641	2,710	2,318	2,937	4,849
2009	14,419	1,371	3,307	2,217	2,117	2,701	5,035
2010	14,964	[b] 1,614	3,311	2,297	2,059	2,652	5,495
2011	15,518	1,779	3,631	2,465	2,198	2,865	5,906
2012	16,163	1,821	3,428	2,471	2,014	2,688	5,938
2013	16,768	1,827	3,636	2,523	2,072	2,807	4,899

（空間的な）横断面（上部横方向）　時間（左側縦方向）

出所：International Monetary Fund, Data and Statistics, World Economic Outlook Database, October 2014 より著者作成。
http://www.imf.org/external/pubs/ft/weo/2014/02/weodata/weoselser.aspx?c＝193％2c223％2c 156％2c922％2c132％2c134％2c534％2c136％2c158％2c112％2c111&t=1（2015.1.5）

　上の表は，2007年から2013年までの期間について G7 諸国の GDP をまとめたものです。表の縦方向には，各国ごとに GDP の数字が2007年から 7 年分，年ごとに記録してあります。

　縦枠 [a] で囲んだ部分はアメリカの 7 年間の GDP を年ごとに記録したものです。このように時間の推移とともに記録されたデータを「時系列データ（time series data）」と呼びます。また，横枠 [b] は2010年 1 時点における 7 カ国の GDP データであって，このような種類のデータを「横断面データ（cross section data）」と呼びます。上の表は，時系列的な次元と横断面的な次元を併せ持ったデータであるため，cross-section time-series data あるいはパネルデータ（panel data）と呼ばれます。

　一般的に，一国経済の時間の経過に伴った推移を分析する場合には時系列データを，また同時期における各国間のバラツキが分析対象であれば横断面データを利用します。

したがって，新しい投資関数は元の投資関数を左方向に10兆円だけ平行にシフトしたものになっています。したがって，新しい投資関数は次式で表現されます。すなわち，

$$I = 40 - 5r \qquad\qquad (10-6)$$

です。上式の r に 0 を代入すると，$I=40$，横軸切片が求められます。また，I に 0 を代入すると $r=8$ となり，縦軸切片が求められます。

　以上，消費関数と投資関数の例によって検討したように，世帯や企業の経済的な行動が関数の形で表現できます。これらの関数関係を解明することはマクロ経済の全体像を解明する第一歩になります。例えば，消費関数によって世帯の消費が所得によって説明されると，世帯の所得の変化がどれだけの消費の増加をもたらすかも予測することができます。また，投資関数によって利子率と企業の投資の関係が判明すると，投資を一定額拡大させるためにはどれだけの利子率の低下が必要であるかもわかります。このような関係を通じて，マクロ経済政策を考えることもできます。一国のマクロ経済の全体像を解明し，マクロ経済政策のあり方を検討することが次に学ぶマクロ経済理論の課題になります。

本章のまとめ

1．散布図は，気温とアイスクリームの購入額の関係のように２つのデータ間の関係を視覚的にとらえるのに便利な方法です。
2．散布図によって２つの変数間に直線的な法則性が確認されたのであれば，この関係の法則性を直線の式で近似することによって表すことができます。
3．消費関数は所得の関数として消費を表現します。その他の条件の変化は消費関数をシフトさせます。
4．投資関数は利子率の関数として投資を表現します。その他の条件の変化は投資関数をシフトさせます。

┌─ ■その他のキーワード■ ─────────────
法則性　データ間に現れる規則的な関係。
回帰直線　直線上の点の値（理論値）と実際の点の値（実際値）との誤差の二乗和
　　を最小化するような直線。
因果関係　原因と結果の関係。
関数　ある変数xの1つ1つの値に対応して他の変数yが1つずつ決まる関係。y
　　$=f(x)$における$f(\cdot)$。
説明変数　他の変数を説明する変数。$y=f(x)$という関数におけるx。
被説明変数　他の変数（説明変数）によって説明される変数。$y=f(x)$という関数に
　　おけるy。
└──────────────────────────────

《練習問題》

問1：表は，日本国内のパンの価格（95年の価格を100として表示）と一人当たりの
　年間パン購入量に関する1985年から1999年までのデータです。
　(1)　縦軸に購入量，横軸に価格をとり，このデータを使って散布図を描きなさい。
　(2)　価格と購入量との大まかな関係を直線で表し散布図に書き加えなさい。
　(3)　直線を数式で表しなさい。この数式からどんなことが読み取れますか？

	パンの価格 （95年基準）	パンの購入量 （g）
1985	102.2	10,659
1986	104.5	10,713
1987	104.1	10,548
1988	102.7	10,804
1989	102.5	11,060
1990	100.9	10,999
1991	101.6	11,109
1992	101.4	11,246
1993	100.7	11,521
1994	100.1	11,659
1995	100.0	11,335
1996	100.1	11,508
1997	100.0	11,477
1998	99.1	11,567
1999	99.4	11,893

注：『消費者物価指数年報』総務省，2000年および『全国消費実態調査』総務省，2000年，
　　中のパンの価格と購入量のデータから著者加工。価格は95年を基準年とし，消費者物
　　価の総合指数で実質化済み。購入量は，一世帯当たりの年間パン購入量（g）を調査
　　対象世帯の平均世帯人員で割って一人当たりに換算した値。

問2：消費関数 $C=20+0.75Y$ のグラフを，Y を横軸，C を縦軸にとった座標に示しなさい。また，所得と消費が等しくなる所得を求めなさい［消費関数に $C=Y$ を代入して求めます］。

問3：投資関数 $I=30-6r$ を I を横軸，r を縦軸にとった座標に示しなさい。

問4：将来の見通しがよくなったため，どの利子率でも上の問3の場合より投資が12増加したとする。新しい投資関数の式を書いた上で，グラフに示しなさい。

練習問題解答

第1章

問1

①国民所得勘定　②産業連関表　③国際収支表　④資金循環勘定
⑤国民貸借対照表　⑥拡大　⑦好況　⑧山（ピーク）　⑨後退
⑩不況　⑪谷（トロフ）

問2

(1) BigMac 指数では1米ドル＝390÷5.74＝67.94円なので，1円の価値は0.0147（＝1÷67.94）ドル。他方，同時期の為替市場での円レートは108.77円/ドルなので，為替市場での1円の価値は0.00919（＝1÷108.77）ドル。つまり，為替市場は円の価値を過小評価している。さらに

（為替市場での評価－BigMac 指数での評価）÷BigMac 指数での評価×100

より（0.00919－0.0147）÷0.0147×100＝－37.53（％）なので，過小評価の程度は37.53％である。

(2) 省略

(3) （ヒント）OECD 諸国の PPP は OECD.Stat から入手できる（2020.1.12現在）。

第2章

問1

①国内総生産（GDP）　②所得　③国民総所得（GNI）
④国内総生産（GDP）　⑤所得　⑥国民総所得（GNI）
⑦国内総生産（GDP）　⑧フロー　⑨ストック

問2

(1) 2014年の名目 GDP は40万円（＝500個×200円＋2000個×150円）。2015年の名目 GDP は112万5千円（＝900個×250円＋3000個×300円）。

(2) 2015年の実質 GDP は63万円（＝900個×200円＋3000個×150円）。

(3) 2015年の GDP デフレータは1.786（＝112万5千円÷63万円。または100倍して178.6）。基準年の GDP デフレータは1（あるいは100）なので，この間の物価上昇率は78.6％（＝(1.786－1)÷1×100）。

問3

データは総務省のページ（https://www.stat.go.jp/data/cpi/historic.html）から入手できる。全国（品目別価格指数）の月次データファイルをダウンロード（2020.1.12現在）。

204

品目ウエイト（1万分の1表示）は表の冒頭，項目名のすぐ下の値。平成22年指数と比べると，「教養娯楽」が989（9.89％）で最も減少している。

第3章

問1
(1) （520−500＋A)/500 を計算して，答えは （20＋A)/500
(2) （20＋A)/500≧0.05 を解くと，A≧5 となる。

問2
①4　　②借り　　③貸し

問3
　まずA君は，最も高い収益が上がるように1000万円の資金の運用を考える必要があり，このような収益性の観点から自分のポートフォリオの構成を検討しなければならない。しかし，同時に株式などのリスクを伴う資産を自分のポートフォリオに入れる場合には，ポートフォリオ全体のリスクが，自分の許容できるものかどうかを考えなければならない。一般に，収益性を高めていくと，リスクも高くなると考えられる。したがってポートフォリオ全体のリスクと収益性を同時に決めなければならないことになる。また，不慮の出費に備えて，現金，預金や短時間で安全に現金化できる資産をどれだけ保有していなければならないかという流動性の観点から，現在の自分の現状に照らしながらポートフォリオの構成を考えなければならない。(335字)

第4章

問1
　銀行当座預金，郵便貯金，国債，株式，土地，高価な陶器，

問2
　M1 は，現金と銀行等の要求払預金の合計であるが，M3 は M1 にさらに銀行等の定期預金と譲渡性預金をくわえたものである。

問3
(1) 「たんす預金」は人々が現金を保有しようとすることであるから，銀行預金が相対的に減少し，本源的預金の創出が抑制されてしまう。したがって，マネーストックは減少することになる。
(2) マネタリーベースを増加させても，信用乗数の値が低下すると，マネーストックは減少することもあり得る。マネタリーベースの増加が，つねにマネーストックの増加につながるためには，信用乗数の値が一定でなければならない。

第5章

問1

(1)　表5-3から，給与収入580万円の場合，給与所得控除額は580×0.2＋54＝170（万円）
したがって給与所得は　580－170＝410（万円）

(2)　課税対象額は，さらに，基礎控除と配偶者控除，高校生（一般扶養親族）の扶養
控除38万円，大学生（特定扶養控除親族）の63万円をひいて410－38－38－38－63＝
233（万円）　これに表5-3の税率と税額控除を摘要すると233×0.1－9.75≒13.5（万
円，千円未満切り捨て）。収入に対する負担率は13.5÷580×100＝（約）2.3（％）。

問2

製造業者は3万円で小売業者に販売したため，製造業者がうけとった消費税額は
30000×0.1＝3000（円）で，これを納付する。小売業者の売上は7万円なので，消費者
が負担した消費税額は70000×0.1＝7000（円）。小売業者は，消費者から受け取った7000
円から仕入れにかかった消費税3000円を差し引いて残り4000円を納付する。消費者の
直接納付額は0円である。

第6章

問1

港湾建設・運営を民間企業に委ねた場合，民間企業はその建設代金を港湾利用者か
ら回収する必要があるが，そのためには港湾利用料を港湾利用の船舶から回収するた
めに，利用料回収施設と人員を配置する必要がある。政府は税関を設けて，輸出入に
ついての荷物の点検とトン税や関税を徴収している。政府の場合，港湾利用料収入を
外航船が入港する度に支払わなければならない税金であるトン税として徴収してい
る。政府は税関を通じて，検疫や関税の徴収などを同時に行うので，比較的安い費用
で港湾利用料を徴収することができる。これに対して，民間業者が港湾を建設して管
理運営するものとすると，この港湾での外航船のトン税を免除してもらうと同時に，
トン税に相当する港湾利用料を独自に徴収する必要が出てくる。このような形で港湾
建設費用や運営費用を回収しなければならないとすると，極めて長期間を経なければ
投資額を回収できないことになり，民間企業が独自に港湾建設を手掛ける可能性は低
いと考えられる。

問2

社会保険料が自由契約に変わった場合には，社会保険を払わなくても強制的に社会
保険料を徴収されるおそれはなくなる。2002年度の国民年金保険料未納者の割合は
37.2％であったが，今後も，未納者は一層増加することが予想される。平成29年8月1
日以前の制度では20歳から60歳までのうち最低受給資格は25年間の支払いが必要で
あった。平成29年8月1日以降は資格期間は10年以上に短縮された。無資格の未納者
は自分で老後の生活設計をする必要がある。

　若者は概して，老後の生活設計よりは現在の消費を優先しがちなので，老後の十分な備えが準備できる老人が減少することが予想される。そのような老人の生活は自己責任とはいえ，苦しいものになることが予想される。社会的には生活保護の対象となる老人世帯が増加し，社会的な費用はあまり減少しないことも考えられる。そうすると，社会保障制度の原資ばかりが減少して，支出はあまり減少しないことになり，社会保障制度が破綻することが予想される。社会保険料の支払いを自由化する場合には，老人世帯に対しては，生活保護を供与しないなどの自己責任を徹底する必要があると考えられる。しかし，このように自己責任を徹底した制度は政治的に不可能であろう。また，生活権の保障という社会保障制度の趣旨にもそぐわない。とすると，国民年金保険料を自由契約にするような制度は破綻することが予想される。国民年金保険料の形で徴収する替わりに，他の確実に徴収する方法を制度化することが必要になるものと予想される。

問3

　一般政府を構成する3部門は，中央政府，地方政府，社会保障基金である。もっとも支出ウェイトの高い部門は地方政府で，もっとも支出ウェイトの低い部門は中央政府である。

問4

　財政投融資は公的金融で，民間金融が機能しづらい分野へ資金を供給するという補完的な政策的役割を果たしている。すなわち，道路，港湾などの公共財や生活環境整備，住宅，中小企業など，社会的にみて，その財の供給増加や助成が望ましい分野への金融を担っている。原資としてもっとも重要なのは郵便貯金や簡易保険などである。これらの原資は，2001年度以降は政府（財政投融資特別会計）の発行する財投債によって調達され，住宅金融公庫などの公的金融機関，日本道路公団などの公的機関へ融資されている。

第7章

問1

　退職せずに働きつづけたときの賃金を考慮し，そのもとで働かないことを選択したので，自発的失業者。

問2

　指示された総務省のHPからデータをダウンロードしてみよう。124頁の完全失業者の定義および脚注の(1)によると，仕事を探していたことを認定される必要がある。①認定してもらう手間，②職探しをした場合どの程度の賃金が得られるか，③仕事が見つかるかどうかなどを考慮して人々は認定手続きをとる。高齢者と若者では，この3点にどのような違いがあるだろうか。それをもとに考えよ。

第8章

問1
①1.25　　②売り　　③買い　　④買い　　⑤売り　　⑥下落　　⑦上昇

問2
(1)供給　　(2)需要　　(3)需要　　(4)需要　　(5)供給

問3
(1)×　　(2)○　　(3)×

問4
(1)　ブレトン・ウッズ会議は，1944年7月にアメリカのブレトン・ウッズにおいて開催された「連合国通貨金融会議」の通称である。45カ国が参加し，米ドルを基軸通貨とする国際通貨体制の確立，IMF協定などが合意された。

(2)　ニクソンショックは，1971年8月にアメリカの大統領ニクソンが打ち出した一連の政策の総称であるが，現在ではそれらの中で特に，米ドルの金との交換停止を指す言葉として用いられている。これによって，戦後の国際金融秩序を支えていた，ブレトン・ウッズ体制は終焉し，国際通貨システムは大きな転機をむかえた。

(3)　プラザ合意は，1985年9月にニューヨークのプラザホテルで開催された先進5カ国（アメリカ，日本，イギリス，フランス，西ドイツ（当時））の蔵相・中央銀行総裁会議（いわゆるG5）における合意事項の総称である。内容としては，当時のドル高是正のために各国が協力して，協調介入などの協調行動をとることなどが主なものである。

第9章

問1
①国内総生産（あるいはGDP）
②　資本　　③土地
④　賃金　　⑤利子　　⑥地代
⑦国内総支出（あるいはGDE）　　⑧三面等価
⑨労働　　⑩上昇　　⑪労働生産性　　⑫下落

第10章

問1
(1)および(2)

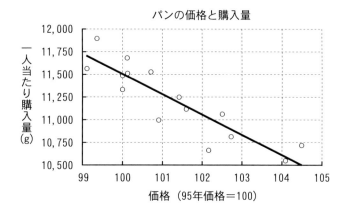

(3) 直線の数式の計算方法として以下の 2 つを紹介する。

数式の計算法 1 ：最小二乗基準にもとづいて計算すると，直線の数式は

$$購入量 = 33574 - 220.83 \times 価格$$

となる。

数式の計算法 2 ：(2)で引いた直線は，価格が100のとき購入量11500g，価格が104のとき購入量10625g あたりを通っている。このことから，直線の傾きはおおよそ

$$直線の傾き = \frac{10625 - 11500}{104 - 100} = -218.75$$

になる。このことは，価格が 1 だけ安く（高く）なると購入量がおおよそ218.75g だけ増加（減少）することを意味している。価格が100のときの平均的な購入量は11500g だが，価格が100下がって 0 となったときの購入量は21875g（＝218.75×100）だけ増加するので，直線の切片はおおよそ33375（＝11500＋21875）となる。よって直線の数式は

$$購入量 = 33375 - 218.75 \times 価格$$

となる。グラフから目測で計算したが，最小二乗基準にかなり近い値となっている。

　数式から読み取れることとしては，価格が 1 だけ上昇（下落）すると購入量が200g ほど減少（増加）する，価格が100のとき購入量は11500g 程度になる，などが考えられる。

問2

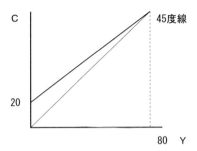

問3および問4

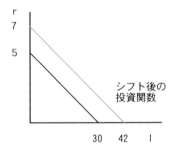

索　引

[著者紹介]

井出多加子（いで　たかこ）　5，7，9 章担当　第 4 版 5，7，9 章改訂担当
1987年　上智大学経済学部卒業
1997年　慶應義塾大学，経済学博士
現　在　成蹊大学経済学部教授
主　著　「地価バブルと地域間資本移動」，浅子和美・福田慎一・吉野直行編『現代マクロ経済
　　　　分析』，東京大学出版会，1997年。
　　　　「日本の不動産価格：現在価値関係で説明可能か」，井上智夫・中神康博との共著，西
　　　　村清彦編『不動産市場の経済分析』，日本経済新聞社，2002年。
　　　　「地方交付税・国庫支出金の経済効果について」，山崎福寿・大重斉との共著，山崎福
　　　　寿・浅田義久編『都市再生の経済分析』，東洋経済新報社，2004年。
　　　　井出・井上・大野・北川・幸村著『経済のしくみと制度（第 3 版）』，多賀出版，2015年

井上　智夫（いのうえ　ともお）　1，2，10章担当　第 4 版 1，2，10章改訂担当
1990年　東北大学経済学部卒業
1997年　カリフォルニア大学サンディエゴ校（UCSD），経済学 Ph.D.
現　在　成蹊大学経済学部教授
主　著　"Nonlinear Stochastic Trends", *Journal of Econometrics*, 1997 (with Clive Granger and
　　　　Norman Morin)
　　　　"Were there structural breaks in the effects of Japanese monetary policy? Re-evaluating
　　　　policy effects of the lost decade," *Journal of the Japanese and International Economies,* 2008
　　　　(with Tatsuyoshi Okimoto)
　　　　井出・井上・大野・北川・幸村著『経済のしくみと制度（第 3 版）』，多賀出版，2015年
翻　訳　『時系列解析〈上・下〉』（原著：James Hamilton, *Time Series Analysis,* 1994），沖本竜義
　　　　氏との共訳，シーエーピー出版，2006年

大野　正智（おおの　まさのり）　第 4 版 3，4，8 章改訂担当
1988年　横浜国立大学経済学部卒業
1998年　米国ウィスコンシン大学マディソン校，経済学 Ph.D.
現　在　成蹊大学経済学部教授
主　著　"A Computational Approach to Liquidity-Constrained Firms over an Infinite Horizon"
　　　　Journal of Economic Dynamics and Control, Vol.28, No. 1, 2003.
　　　　"Examining the 'Balance of Payments Stages' Hypothesis" *Global Economy Journal*, Vol.
　　　　14, No.3-4, 2014.
　　　　"Inflation, Expectation, and the Real Economy in Japan" *Journal of the Japanese and Inter-
　　　　national Economies*, Vol.45, 2017.
　　　　井出・井上・大野・北川・幸村著『経済のしくみと制度（第 3 版）』，多賀出版，2015年

北川　浩（きたがわ　ひろし）　3，4，8 章担当
1984年　一橋大学経済学部卒業
1989年　一橋大学大学院経済学研究科博士後期課程満期退学
現　在　成蹊大学経済学部教授
主　著　"Financial Liberalization in Asian Countries", S. Sekiguchi and T. Kawagoe ed. *East Asian
　　　　Economics*, 1995.
　　　　「信用秩序維持における預金保険と税の費用負担」，『成蹊大学経済学部論集』29巻 2
　　　　号，1999年 3 月。
　　　　"Real Interest Rate Linkage in Southeast Asia before Currency Crises". *Review of Asian
　　　　and Pacific Studies* No. 21, 2000.
　　　　井出・井上・大野・北川・幸村著『経済のしくみと制度（第 3 版）』，多賀出版，2015年

幸村千佳良（こうむら　ちから）　6，10章担当　第4版6，10章改訂担当
1967年　東京大学経済学部卒業
1979年　米国ペンシルベニア州立大学，経済学 Ph.D.
現　在　成蹊大学名誉教授
主　著　『日本経済と金融政策』東洋経済新報社，1986年
　　　　『経済学事始（第4版）』，多賀出版，2008年。
　　　　『はじめて学ぶマクロ経済学（第2版）』，実務教育出版，2001年。
　　　　Dreams and Dilemmas: Economic Friction and Dispute Resolution in the Asia-Pacific, Institute of Southeast Asian Studies, Singapore, 2000, Co-edited with Koichi Hamada and Mitsuo Matsushita.
　　　　井出・井上・大野・北川・幸村著『経済のしくみと制度（第3版）』，多賀出版，2015年

経済のしくみと制度〔第4版〕　　　　■経済経営セメスターシリーズ

2004年5月15日　第1版第1刷発行
2011年5月30日　第2版第1刷発行
2015年4月30日　第3版第1刷発行
2020年4月30日　第4版第1刷発行

　　　　　　　　　　　　　　　　井出多加子/井上　智夫
Ⓒ著　者　　　大野　正智/北川　　浩
　　　　　　　　　　　　　　　　幸村千佳良

発行所　　多　賀　出　版　株式会社

〒102-0072　東京都千代田区飯田橋3-2-4
電　話：03（3262）9996代
E-mail:taga@msh.biglobe.ne.jp
http://www.taga-shuppan.co.jp/

印刷・製本／昭和情報プロセス

〈検印省略〉　　　　　　　　　　　　　落丁・乱丁本はお取り替えします。
ISBN978-4-8115-6814-0　C1033

井出多加子・井上智夫・大野正智・北川　浩・幸村千佳良　著

経済のしくみと制度〔第4版〕

A5判・224頁・本体2200円（税別）

上田　泰・時岡規夫・山崎由香里　著

会社入門〔第3版〕

A5判・192頁・本体2000円（税別）

井上智夫・大野正智・幸村千佳良・鈴木史馬　編著

マクロ経済理論入門〔第3版〕

A5判・240頁・本体2200円（税別）

上田　泰・時岡規夫・山崎由香里・井上淳子　編著

企業経営入門〔第2版〕

A5判・232頁・本体2200円（税別）

中西寛子　著

統計学の基礎

A5判・168頁・本体1900円（税別）